狙われる国民健康保険

世にも恐ろしい損保犯罪の話

巨悪をゼッタイ許さない!

損保犯罪対策委員会代表
濵中 都己《さとみ》 著

はじめに
世にも恐ろしい損保犯罪の話

突然ですが、交通事故に遭うと次々と不可解なことが起ってきます。

この本は私の母親が追突された2回の事故、最初は加害者損保＝東京海上日動火災保険（以下、東京海上）、次は加害者損保＝損害保険ジャパン日本興亜（以下、損害ジャパン）。そして伯母の交通事故、自転車を引いて横断歩道を渡っている途中、信号無視の車両に跳ね飛ばされた事故で加害者損保＝三井住友海上火災保険（以下、三井住友海上）の交通事故対応を通して見えてきた「恐ろしい損保の裏側」の話です。

損保（自動車任意保険）は、驚くべきことに加害者が被害者のために損保会社に損害賠償を請求するシステムではなかったのです。それどころか巧妙な損保の手口によって、加害者（債務者）が過失のない被害者（債権者）を訴えるような驚くべきケースが多発するなどの矛盾があります。

東京海上のＴＡＰ（トータルアシスト総合自動車保険）の平成11年版と平成24年版各約款

の最も肝心な部分を紹介します。新版の方の表現が洗練されてきていますが、基本的には同じことを言っています。

第1条には「・・・保険金を支払います」とあります。これは、保険会社が保険金を被保険者（事故加害者）に対して支払うことです。第6条には「損害賠償額の支払いを請求することができます」とあります。これは被害者が保険金を請求することです。

この2つの規定からは、「被保険者（加害者）が法律上の損害賠償責任を負担することによって被る損害」、すなわち最終的には判決で認められた加害者の被害者に対する損害賠償責任額は、保険会社が加害者に支払い、被害者が保険会社に直接請求した時だけ、保険会社は被害者に直接支払うのが大原則だとわかります。

だとすると交通事故が発生して加害者責任が生じた場合は、加害者は保険契約に基づき保険会社に「被保険者（加害者）が法律上の損害賠償責任を負担することによって被る損害」を自分に支払えと請求できることになり、支払額を抑制したい保険会社との両者の関係は明白な利益相反です。

ですから加害者が被害者のために弁護士を代理人として保険会社に保険金を支払えと請求できて然るべきですが、実務ではこのような形で加害者が弁護士を代理人として保険会社に請求する例はほとんどありません。

現実には、加害者側の代理人には、保険会社がその顧問弁護士を斡旋して着任させるのが

世にも恐ろしい損保犯罪の話

一般的であり、保険会社顧問弁護士が被害者のためではなく、保険金を支払う保険会社のために保険金支払金額をできるだけ少なくするための活動をするのです。私は、この当たり前と思わされている交通事故保険金支払実務はおかしいと憤りを感じています。

前記のとおり、交通事故の発生により、加害者と保険会社は利益相反関係になりますので、加害者保険会社の顧問弁護士が加害者の代理人になるのは明らかに弁護士職基本規定に反すると思われます。これを当たり前のごとく通用させている現在の交通事故実務をいかに変えていくか、その方策を考えていきたいと思っています。

損保側弁護士が多用してきた、「素因の競合・症状固定」等の『理論』は、大企業の損保会社が無制限の保険金支払い枠を提示して契約を取っておきながら、支払う段にはその義務を免れるために生み出した『賠償論』という名のレトリックにすぎないかもしれないのです。

そして、支払い限度額『無制限』の加害者契約保険がありながら、その支払い実態はといえば、弁護士が大企業のために作り上げた法律家の世界だけに通じる賠償論なる理屈を振りかざされ、被害者は治療費支給を打ち切られ、治療が続いているにもかかわらず「症状固定」と言い渡され、安上がりの賠償金を渡されて一件落着とされるのです。その後はカルテを書き換えられて、一般治療として自費で治療を受け続けるのです。

本件事故で手に入れた証拠書証を検証していくと、犯罪行為に価する驚くべき量の不正が横行していることがわかりました。病院の診療録改ざん捏造、損保会社の承諾書捏造、顧問弁護士の情報操作、第三者行為（行政制度）の欠落、国民健康保険組合連合会（以下、国保連）の公文書偽造改ざんなどです。

こんなことが、あたかも当然のこととして裁判所でも長年まかり通ってきました。

それは、民間企業を利するために、公務員・公的機関が国民と被害者の金を損保に差し出す役割を果たしてきた犯罪、公金横流しだったわけです。

国民が国家によって詐欺行為（不正請求）を強いられる、このような国の有り様を許すことはできません。

賠償については、治療費は治癒・完治まで加害者側が負担とする、との法にかなった理を取り入れることを今後求めていきます。

現在の交通事故損害賠償実務においては、実質上、加害者・被害者・医師らを差し置いて保険会社が主導的立場になって、損害額（支払額）を抑制するシステムが出来上がっています。

本件でも、東京海上は、医師の意見を無視して症状固定日を勝手に決めて、本来は保険会社において支払うべきであった静岡県国保連合会からの求償事務を停止させて、国保連からの求償への支払いを免れ、また、被害者がやむなく健康保険を使った自己負担分の支払いすらしていません。

静岡県国保連合会が東京海上に対する求償事務を停止した事案では、東京海上は症状固定日を勝手に平成24年8月31日と決めつけて国保連に申告していました。静岡県国保連合会はそれを信じて東京海上と協議をして、求償事務停止を決定したのです。

また、東京海上は、交通事故の治療に際して被害者が健康保険を利用するケースでは、健康保険団体連合会は実際にはほとんどの場合保険会社に求償しないという習慣的実態をも利用しています。

母の手術をした聖隷三方原病院の計算によれば、母が自由診療で入院をした平成24年9月から平成25年2月まで（つまり保険会社が勝手に決めた症状固定日である平成24年8月31日以降、主治医が診断した正しい症状固定日である平成25年2月まで）の治療費は約７４５万円です。

本来なら（加害者が明確である）交通事故による傷害の治療は、（加害者が存在しない、または不明な場合に使うべき）健康保険の趣旨とはなじまないので、被害者は健康保険を使うべきではなかったのですから、保険会社はこの自由診療による治療費相当の金額を支払うべきです。

しかし実際には、保険会社が支払わないというので母はやむなく、第三者行為の届け出をして健康保険を利用しました。その結果、同期間の母親の負担分（１割）は６３万６５７８円でした。つまり治療費合計は６３０万円強で、求償額は計算上５７３万円程度となるため、保険会社は、この期間の治療費を支払ったとしても自由診療の場合より約１１５万円も負担が少なくて済むのです。

しかも、健康保険団体連合会は事実上求償をしない不作為が多いので、保険会社は求償分の573万円の支払いさえ免れた可能性が高いと思われます。

当時、同連合会が求償をするという連絡を被害者長女である私にしているのは、この、求償が行われない実態を問題視した私が同連合会に何度も問い合わせたからであると思われます。

以上の経緯からも、保険会社は、症状固定日を早期に設定することを図ったと思われ、そうであれば非常に悪質です。

こうした仕組みでは、たとえ加害者が被害者のために手厚く保障したいと考えていたとしてもその意向は全く反映されず、他方、通常生涯に一回か二回程度しか交通事故にあわない被害者はこのようなカラクリのある損害賠償実務の実態など全く知らず、保険会社によって賠償額が恣意的（しいてき）に抑えられていることに気づきもしないでしょう。

そして、このように保険会社が主導的立場を取っているにもかかわらず、本件訴訟では形式上の訴訟当事者（原告・反訴被告）は加害者だけとなっており、保険会社は裏に隠れていて被告（反訴原告）が保険会社の違法性・悪質性を主張しても、それはあくまでも加害者と訴訟外者との関係でしかなく、訴訟上では単なる間接的事実としてしか評価されず、それでは公平な損害の分担という不法行為の理念に大きくはずれると言わざるをえません。本来はこれらの保険会社の悪質な行為が十分考慮されるべきです。

最後に、残された請求権の行使として請求方法がないわけではありません。任意保険会社の約款には、必ず直接請求権の行使ができるようになっています。自賠責保険への被害者請求と任意保険会社に被害者が直接請求することができるのです。

平成30年11月20日、追突事故の無過失被害者なのに裁判にかけられた被告のまま母は亡くなりました。現在、亡き被害者の遺族として相続手続きをしています。今後は、遺族として、直接請求権を行使して損保会社へ直接請求していきます。

本書では行政や関係機関の不作為や損保会社の違法行為など「恐ろしい損保の裏側」を明らかにするとともに、公金横領の不当利得の実態を検証し、民法第７０３条（不当利得の返還義務）による徴収行使を国が行うよう制度改革を提言致します。

これは、消滅時効が10年である損害賠償請求権よりも長く損害賠償請求が行えない期間が避けられないケースに用いることができる「不当利得返還請求権」の行使を国が発令できるようにするものです。

交通事故被害者が保険会社の主張に押されて、適正な損害賠償請求権や財産権を保障されていない現状が多々あることを痛感し、被害者の適正な権利実現をめざしたいと思います。

令和二年四月吉日

濵中　都己

第一章 まさか、あの事故が こんな結果を招くとは…

第二章 知っていますか？ あなたの健康保険料が消えている事実を

第三章　歪みが保険会社の暴利につながっているんです！

第八章　隠れていた巨悪の正体

第一章

まさか、あの事故がこんな結果を招くとは…

母を突然襲った交通事故

平成23年9月5日午後9時30分頃のこと。

私の母は、自らが運転する自家用車で浜松市内の道路を走行していたところ、信号待ちの際に一台の車に突然追突されました。相手の方はまだ30代前半の若い男性でした。前方不注意が原因で、母には何の落ち度もない事故でした。

どこにでもある交通事故。もちろん、私たちもそのつもりでいました。たしかに母はケガを負いました。決して小さくはないケガです。それでも、亡くなる方も多くいらっしゃる現在の交通事情のなかで、ケガで済んだことはむしろ幸運だと考えました。

しかし、物事はそんなに簡単ではありませんでした。

加害者に対して含むところは一切ありません。しかるべく刑事処分を受けて、謝罪もしてくれました。これからお話しすることは、加害者の方に対する怒りや憤りといったこととはまったく関係がありません。その点をまず、ここではっきりさせておきたいと思います。

母のケガは「頭部打撲」、そして「頸椎捻挫」と専門の整形外科医によって診断されました。他にも、腰や左肩にも捻挫などのケガを負いました。両手にしびれが残り、頸のあたりに痛みを感じます。握力や、指の動きなどにも問題が生じてきました。

やがて、頭痛や不眠といった苦しい症状も現れはじめ、めまいなども起こるようになりました。「どこにでもある交通事故」という目算が少しずつ狂い始めてきました。

病院に通う日々が始まりました。

当然、その費用は加害者の方が負担をしてくれます。正確にいえば、加害者が加入する損害保険会社が窓口となって対応してくれることになりました。警察に人身事故としての届け出も済ませ、現場検証など必要な手続きも終えて、あとは治療に専念すればよい…、そんなことを思いながら、母は通院の毎日を過ごしました。

しかしながら、母や私たち家族の思いにもかかわらず、母の症状はなかなか改善しませんでした。整形外科の医師も一生懸命治療してくれましたが、一進一退の日々が長く続きました。

母にしてみれば、忸怩たる思いで毎日を過ごしていたと思います。

自分に責任のある事故ならばまだ納得がいきます。しかし今回の事故は、私の母には何の落ち度もないのです。家族の前では決して口に出しませんでしたが、「それなのにどうして…」という気持ちは非常に強かったものと思われます。

これから先どうなっていくのだろうか。お互い言葉にこそしませんでしたが、母も、そして私も内心ではそんな不安を抱えていました。治療費は保険会社がきちんと対応してくれるから大丈夫、そんな期待感もまだまだ有効なものだと思っていました。

心配だったのはもちろん母の体の方です。すでに70代も半ばになっていましたし、一日も早く回復してほしいと願うばかりでした。ですが、私たちが本当に不安に思うべき問題は、実際はまったく違うところに存在していました。このときの私たちには気づく術もありませんでしたが…。

消えた頚椎ヘルニア

翌年5月、次第に母の容態が悪くなっていく中、ふと私は思い出しました。

事故以前に診断されていた「頚椎ヘルニア」はなぜ診断されなかったのか？　追突により悪化しているに違いない。はじめに受診した労災病院の医師の誤診なのか？

さまざまな疑問が出てきたところで、事故前に診断されたＭＲＩと診断書を持って整形外科の主治医に素朴な疑問を問いかけてみました。

その頃の母はすっかり元気をなくしていたので、保険会社をはじめ、関係する先とのやり取りはすべて私が窓口となっていました。

要領を得ないやり取りが何度も続き、ようやく意図するところを理解することができました。つまり、はじめから外傷性でない傷害は事故とは関係なく「既往症」だと言うのです。しかしながら、はじめの診断書には既往症なしで診断されていたことを顧みれば、単なるいわゆるムチウチの軽い診断で処置をされていたことになります。ということはＭＲＩも撮られていなかったことになります。

事故以前のＭＲＩを見た主治医は頚椎ヘルニアの存在を認めました。これほど重要な内容を損保担当者は、弁護士に丸投げするという対応をとりました。本当に許しがたい行為だと思います。主治医の先生に事情を話しました。そうしなければおかしなことになってしまうのではないか、そんな気持ちに駆られたからです。まさかこの時に担当者からの指示で後遺障害診断書を作成していたとは夢にも思いません。

その診断書には、残念ながらひとつの大切な情報が抜けていました。事故によるケガとしての「頚椎ヘルニア」という傷病名がそこには記載されていなかったのです。このことが実は、後になって非常に大きな問題を引き起こしました。

治療費の打切り通告

最初の後遺障害診断書は、平成24年6月5日を症状固定日として、6月7日に発行されました。先に述べたとおり、当時の私たちは具体的な手続きも、それぞれのプロセスが意味するところも、何もわかってはいませんでした。そんな被害者の無知を保険会社は利用しました。

私たちのあずかり知らないところで、保険会社は同年8月31日を症状固定日と認定し、以降の治療については自己負担となる旨を一方的に通知してきました。まさに青天のへきれきのような出来事でした。

このようなときにはどうしたらいいのか、政府広報オンラインでは金融トラブルについて裁判以外の方法で解決を図る「金融ADR制度」の利用を紹介していました。

金融トラブルを解決するため、銀行・保険・証券などの業界団体などにおいて従来から自主的な苦情処理・紛争解決の取組が進められてきましたが、中立性・公正性、実効性の観点から、必ずしも万全ではありませんでした。そこでトラブルを解決するために「裁判」で争う方法では費用も時間もかかるという問題もあり、平成21年の「金融商品取引法などの一部を改正する法律」により、利用者保護・利用者利便の向上のため、裁判よりも費用や時間がかからず、金融分野に見識のある弁護士などの中立・公正な専門家（紛争解決委員）により、金融トラブルの解決を図る「金融ADR制度（金融分野における裁判外紛争解決制度）」が国の制度として創設され、平成22年10月1日から本格的にスタートしました。

金融庁の相談室からの「個別の契約に係るトラブルについては、保険会社から十分に説明を受け、保険会社とよく話し合ってください。それでも解決が図られない場合には日本損害保険協会そんぽADRセンターに相談してください」等のアドバイスを受けて御茶ノ水にあるそんぽADRセンターに予約を取り苦情相談をしました。

任意保険会社からの療養費打切りについて、相談員に「それではどうしたらよいのか？」と質問したところ、「ご自身の健康保険を使って治療してください」という回答が返ってきました。加害者のいる交通事故で自分の健康保険を使うという認識は母にも私にもありませんでした。それでも、保険会社がもう支払わないというのでやむをえなく手続きを取ることに決めました。

今思えばまさか国の制度としてはじめた「金融ADR」が嘘をいうはずがないと信じていました。一般に「第三者行為の届出」と言うようですが、第三者の加害行為によって受傷し、それでも健康保険を使用する場合には、その旨の届け出をすることが必要とされています。国から委託された保険者は、追って加害者に対して求償を行わなければならないからです。

私たちはここでも黙ってその手続きを進めました。

それからしばらくは、何の音沙汰もありませんでした。

思えば、ここから私たち親子の闘いは始まったのかもしれません。詳しいことは後段でお伝えしますので、ここでは先を急ぎます。

私たちはさまざまなことを調べ、疑問点をひとつずつ潰し、多くの関係先に何度も質問を重ねました。そのなかで、いくつもの重大な問題が浮かび上がってきました。

ひとつだけ言えるのは、8月31日を症状固定日とすることなど、家族の誰も納得していないし、承知した覚えもないということです。それなのに、すべての物事がその情報を前提として動き出していました。

大事な傷病名が漏れたままの、症状固定を承知してもいない後遺障害診断書。たしかに、私たち親子は無知でした。それを隠すつもりは少しもありません。ですが、保険会社の社員や交通事故に詳しい弁護士以外に、手続きの一つひとつをきちんと理解している人などいないと思います。そんな実態を勘案せずに物事を進めるのが正しいことだとは思えません。

多くの損害保険会社は、保険加入時の説明不足と事故が起こったときに請求できる保険金の案内を適切に行わなかったことを理由に、十数年前に金融庁から業務停止命令などの処分を受けています。

しかし、実態は今もまったく変わっていません。素人にはわからない言葉を並べ立て、わからないままに手続きを進めていく。このことについては、第三章でまた触れたいと思います。

そんな疑問を積み重ねっていった果てに私たちを待ち受けていたもの、それはまさに想像を絶する出来事でした。この本を書いている今でも、本当の私たち親子の身に起こったことだとは思えないし、できるなら思いたくもありません。

私たちはなんと、加害者の名前を用いながらも、実質的には保険会社によって裁判にかけられました。みなさんには信じられないかもしれませんが、何も悪いことをしていないのに被告と呼ばれる立場に追い込まれたのです。

加害者が被害者を訴える？私たちを追い込んだ裁判の実態

突然の事故から2年半が経過した平成26年3月、東京海上は加害者を原告とし、母を被告とする裁判を提起してきました。（次ページ・訴訟委任状参照）

もちろん加害者本人の意志とは関係のないところで行われる裁判です。弁護士も当然、保険会社が用意した交通事故専門の弁護士です。

しかも驚いたことに、裁判の内容は「債務不存在確認訴訟」と呼ばれる非常に厳しい内容のものでした。簡単にいうと、「あなた（被告）に支払うものなど何もないこと」を確認するための裁判です。

こうした訴訟を大きな会社が普通の個人に対して提起することなど、普通ではまったく考えられないことです。それを東京海上は堂々とやってきました。みなさんはどのように感じますか？ 本当にそんなことが起こるなんて、信じられますか？

症状固定日を勝手に決められて、そのうえで支払うものが何もないなどとは、とうてい受け入れられるものではありません。幸いにして、協力していただける弁護士の先生も見つか

訴　訟　委　任　状

〒430-0929

私は　弁護士　荘　田　耕　司　静岡県浜松市中区中央2丁目14番27号
小倉ビルディング3-A

静岡県弁護士会所属　荘田法律事務所
電話053(489)5775/FAX053(489)5771

を訴訟代理人と定め以下の事項を委任します。

下記事件に関し、原告として訴訟を追行する一切の件

記

1．　裁判所：静岡地方裁判所浜松支部
原告　：町田保夫
被告　：榎土瑞枝
事件名：債務不存在確認請求事件

1．和解、調停、請求の抛棄、認諾、復代理人の選任、参加による脱退

1．反訴、控訴、上告、民事訴訟法第３１８条第１項の申し立てまたは其の取下及び訴の取下

1．弁済の受領に関する一切の件

1．代理供託並びに還付利息取戻請求、受領一切の件

上記訴訟代理委任状に捺印します

平成　26　年　3　月　24　日

住所　浜松市浜北区小松460

氏名　町田保夫

▲示談交渉のためと偽って白紙委任状に署名捺印させ、債務不存在確認請求事例として事故被害者を加害者が訴える裁判を起こした。

りましたので、私たちは「反訴」という形で損害賠償請求訴訟を東京海上に対して提起することとしました。もちろん、そんなことは決して本意ではありませんでしたがやむを得ません。付け加えておきますと、保険会社が提起した債務不存在確認訴訟は、私たちが反訴を提起したことによって取り下げられました。まるで私たちがそうするのを待っていた、いや、「反訴誘導」、そうするのを誘発するためにわざとそんな真似をしたとしか考えられません。裁判になればそんぽADRセンターの対応は打ち切られます。裁判外紛争解決制度として、金融機関は金融ADR機関から提示された和解案を原則受け入れなければなりません。いずれにせよ、本当にひどい話です。

裁判は、判決まで2年半もかかりました。

争いになった点はいくつかありますが、一番の根本はやはり症状固定をめぐる問題です。それは最初の後遺障害診断書から漏れてしまった「頸椎ヘルニア」が今回の事故によるものかどうか、という観点に変わりました。

私たちは、当然にそれがこの事故によるものであると主張しました。そのために症状が消えず、母は実に長い時間を治療に費やしてきたわけです。今回の事故が起こるまで症状はまったくありませんでした。趣味の卓球などにも積極的に参加していました。だからこそ、8月31日を勝手に「症状固定日」とされたことに対して、全力で異議を唱えてきたわけです。

そうした点を無視して、東京海上は事故とは関係がないと強弁しました。事故が「軽微なもの」であること。事故の前から加齢による変化があったことなどを並べ立て、私たちが嘘をいっていると言い張ったわけです。それは母に対する失礼を超えた、許しがたい主張であると感じられました。

たしかに年はとっていました。それなりに老化も進んでいたことも認めます。だからといって何もかも自己責任だといわれるのは納得がいきません。高齢者は若い人に比べて人間としての価値が低いということなのでしょうか?

裁判の流れに話を戻します。「頸椎ヘルニア」が事故によるケガか否かをめぐる問題について、非常に大切なポイントを私たちは指摘しました。

医師は当初の後遺障害診断書が不十分なものであることを正直に認め、しかも私たちに謝罪までしてくれました。そして、診断書を正確なものへと書き換えてくれました。また別の医師は、事故とヘルニアに因果関係があることを認めてくれました。

こうしたことを積み重ねていった結果、何と自賠責保険での後遺障害等級が「7級4号」という形で認定されました。これは決して軽くはない認定です。にもかかわらず、保険会社は否定を繰り返します。

私たちが当初の医師に圧力をかけたとか、虚偽の主張をしたとか、ありとあらゆる手段を用いて、支払いを拒絶する姿勢を貫きました。その結果、私たちにとっては非常に残念な結末が訪れました。

地方裁判所は、東京海上の主張をほとんどそのまま支持する形で、私たちの主張を退けました。後遺障害の発生こそ認めたものの、その等級は14級が相応しいと大幅に減額されることとなりました。そして、自賠責保険からすでに私たちが受け取っている金額は「もらいすぎ」であり、これ以上追加で支払うべきものはないと結論づけました。

現実を無視した、非常に許しがたい判決です。なお、実際に裁判を経験された方は少ないと思いますので少しだけ補足します。

多くの裁判では、判決の前に和解を提案される場合がほとんどです。裁判官も人間ですから、できれば長い判決を書きたくはない、和解で終われば何よりだと考える傾向が強く存在しています。和解で解決することには当事者にも一定のメリットがあります。特に賠償責任を負う側にとっては、判決が下りると上乗せされる遅延損害金を免れることができるからです。すべての裁判官がそうだというわけではありませんが、これらの要素を前提に和解を強硬に勧めてくるケースも決して少なくはありません。もちろん、当事者には和解を受け容れない権利も存在しています。

しかし、そのようなケースで和解を蹴った場合、蹴った側には報復的な意味で厳しい判決が下されることが多いといえます。驚かれるかもしれませんが、これが日本の裁判の悲しい実態です。

私たちのケースでも、和解を強く勧められました。ですが、母への失礼な態度の繰り返し、事実を踏みにじり、債務不存在訴訟などという横暴を押しつけてくる東京海上の態度を絶対に許せなかった私たちは、和解を決して受け容れませんでした。

そのことが、少なからず判決の内容に影響したのかもしれません。もちろん、実際のところはわかりません。答えは「神のみぞ知る」というのが正直なところです。

誠に残念な敗訴判決を受けた私たちは、やむなく高等裁判所へ控訴を提起することにしました。それが平成28年9月のことです。それからさらに半年以上の時間が過ぎ、控訴審の判決が下ります。

結果は再びの敗訴。「保険会社の対応にはまったく問題がなかった」「8月31日という症状固定日は私たちも承知していたと認められる」、そのようなことが判決理由には書いてありました。

いずれも明らかに事実とは反しています。あるいは、事実を判断するうえで重要な点を意図的に見過ごしています。

なお、これも重要な点ですが、私たちのあずかり知らないところで修理工場に支払われた物損の金額が、東京海上からの立証書類にも判決文のなかにも、まったく記載されていませんでした。もちろん、示談をした認識はありません。さらに、判決は「母の後遺障害を14級と認定し、すでに十分な賠償金を受け取っている」と語る一方で、超過分に関しては返せとも何とも言っていません。

交通事故の被害者の症状固定について、約款上は医師の診断により症状固定が確定された場合に保険会社の免責が適用されることとなっています。この症状固定日の取り扱いについて、加害者と裁判官が医師の診療に基づかずに判定を行うなど免責が不適切に適用された事例として、実に矛盾だらけの、いい加減な判決であると言わざるを得ません。

そうした点も、私たちの不信感を大きくする理由になっています。日本の裁判制度に対する信頼はかなり揺らいでいましたが「何としても最後までやり遂げたい」、そんな思いに駆られた私たちは、最高裁判所への上告を決意しました。他ならぬ母のために、途中でやめることはできませんでした。

これもご存知の方もいらっしゃるかもしれませんが、最高裁判所とは基本的に高裁判決が憲法違反かどうかを問うためにある裁判所です。一般の民事事件の判決が妥当かどうかを検証する場ではありません。なので、もとから難しいとは思っていましたが、案の定、最高裁判所の判断も「上告棄却」というシビアなものでした。

これで私たちの主張が受け入れられる道はほぼ閉ざされてしまったわけです。上告までにかかった弁護士費用は約２５０万円。そして、東京海上が支払いを免れた金額は、自由診療をベースに計算すると７４５万円。求償分では計算上６３０万円強という大変な額に上ります。

冒頭に記載したとおり、私の母は、何の落ち度もないまま事故の被害に遇っただけの一般人です。何も悪いことなどしていません。事故に遭って、そしてなかなか治らないケガをした。

ただそれだけのことなのに、どうしてこのような目にあわなければいけないというのでしょうか。金銭的にも精神的にも追い込まれ、挙句の果てには「嘘つき」とまで呼ばれ、多額の損失を被る。その裏側で保険会社は多額の金銭を支払わずに済んでいる。正義はいったいどこにあると考えればよいのでしょうか。

それでも私たちは、この一件を通して多くのことを学びました。そのなかのいくつかは、この国の社会に潜む闇とでも呼ぶべきものです。それらをできるだけ多くの方々へお伝えするために、そして「母や私のような思いをする人たちが少しでも減るように」と、そのような願いから、この本を書く決意を固めたわけです。亡くなった母も、同じことを願っていると思います。

今回の経験から見えてきた社会の闇＝不正の存在

繰り返しになりますが、私たちは非常に多くのことを学びました。そのなかでも、絶対に見逃すことのできない問題が2つあります。ひとつは健康保険に関わる問題であり、もうひとつは、その問題を前提としたうえでの損害保険会社の在り方にかかわる問題です。どちらの問題も、お金に関わる重要な問題です。

詳しくは次章以降で説明しますが、そこでの理解のために、それぞれの問題について簡単に触れていきたいと思います。

まずは前者の健康保険に関わる問題についてです。

みなさんの大切な健康保険料が、本来の目的ではないはずの交通事故の治療に使われ、しかもどんどん消えていっている可能性がきわめて高いのです。健康保険とはそもそも、加入者が自分のためにかけている保険です。病気になった場合や、自分の不注意でケガをしてしまった場合などに使用するのが本来の目的であると言えます。

第三者の不法行為でケガをした場合までを想定しているものではありません。ただ、本来の目的とは異なる使い方をした場合には不正請求となり、あとからその支出分を回収される可能性が生じます。

「この請求（正確には求償行為と呼びます）が適切になされていない」あるいは「きわめて不当な事実と反するようなやり方でしか求償行為が実施されていない」、そんな危険性が非常に高いと言えるのです。そして保険会社は、そのことを正確に理解しています。

これが後者の問題につながるわけですが、国保連合会からの求償行為が適切には行われない、つまり、自分たちに請求されない場合があることを知っていながら、損害保険会社は健康保険の使用を推進しています。健康保険を使えば、自由診療に比べて治療費は格段に安くなります。加入者の負担に考慮するという目的があるからです。

そうした善意をまるで踏みにじるかのように、かたや被害者には無理やり健康保険を使用させ治療費を安価に抑える(=保険会社としての支出が減る)ことをしていながら、もう片方では「国保連合会からの求償をきちんと受けないまま、口をつぐんで問題をやり過ごしている」というわけです。「不当利得」として浮いたお金はすべて保険会社の利益になっています。

発売されて約20年になる「人身傷害保険」という商品では、被保険者(=損害保険への加入者)に対して、健康保険の使用が約款上義務付けられています。

人身傷害保険は自動車保険のなかのひとつで、交通事故でケガをしたときに、相手と面倒な示談交渉をしなくても、自分が加入する保険会社が治療費や慰謝料などのお金を支払ってくれるという商品です。いったん立て替えたあとに、加害者の保険会社に対して求償が行われるわけです。

たしかに、便利な仕組みではあるかもしれません。しかし、さっき見たような健康保険の実態と、それを見過ごし自分の利益へと付け替えている損害保険会社の実情を目にした場合、そうした便利さだけに注目するわけにはいきません。裁判資料から任意保険会社は、被害者の主治医にも平成24年9月からカルテを国保使用に書き替えさせていたことがわかりました。

交通事故で健康保険を使う人が増えれば増えるほど、保険会社が儲かる仕組みができあがっているということです。それが本当だとしたら、みなさんは許せますか？

次章では、健康保険をめぐる問題について詳しく説明します。すべて私たちが体験した事実に基づいて、現在の仕組みが抱える暗部を明らかにしたいと思っています。なかには嘘みたいな出来事も含まれています。しかし、すべて本当に起こったことです。

そして第三章では、損害保険会社の問題について書きます。暴利につながる仕組みへとたどり着く前に、本章でも触れた事故の内容、特に裁判をめぐって起こったいくつかの問題について触れたいと思います。

これもすべて私たちの身に実際に起こったことです。世の中の闇は深く、そして恐ろしい。私たちが学んだことを言葉にすれば、そんな形になるでしょうか。そんな闇に対して少しでも光が当たるために、さらに本書を進めてまいりたいと思います。

第二章

知っていますか？
あなたの健康保険料が
消えている事実を

狙われる国民健康保険

暴力団が新たな資金源として目をつけたのは、40兆円を超える国民の医療費だった。警視庁組織犯罪対策4課は11月、接骨院と結託して国民の税金が源資の療養費を架空請求してだまし取っていたとして、指定暴力団住吉会系組長ら16人を逮捕した。ずさんな審査をすり抜ける隠れ蓑に使われたのは暴力団組員やお笑い芸人、ミュージシャンなど数百人の保険証。不正請求が常識化している療養費や診療報酬の現状を目の当たりにした捜査員は「審査の抜本的な強化が必要だ」と訴える。(2015年11月23日産経ニュース)

住吉会系4次団体の組長らが主導した診療報酬詐欺事件の発覚。組長らは、医師、歯科医師らと結託した上で、患者役を用意。患者役は1、2回程度しか通院していないにもかかわらず、数十回通ったようにレセプト(診療報酬明細書)を偽造。それを使い暴力団は診療報酬をだまし取り、患者役らは対価として謝礼を受け取っていた。患者役の中に10人近くの吉本芸人が含まれていたのですが、彼らは「犯罪につながるものだという認識はなかった」と主張、逮捕者は出ませんでした。しかし、その際に捜査線上に浮かんだ芸人の中には、いまだにテレビや舞台で活躍している芸人も複数いる。れっきとした暴力団のシノギに加わっていながらです。(週刊現代記事)

本件ではこの診療報酬詐欺事件そのものが、損保犯罪定義に当てはまると言っても過言ではありません。本来、交通事故・自動車事故による人身保険の場合には民法の特別法としての自賠法が適用されます。

交通事故は民法上の損害賠償の扱いであり、加害者が任意保険未加入、車検切れ、ひき逃げ等、特別な事情がない限り通常は車の保険（強制・任意）で処理します。自動車を使用する場合は法律で自賠責保険が義務付けられており、そのため強制保険と呼ばれます。その運営は損保会社が行っていますが、その国家的事業という見地から利益や余剰金を出してはならないことになっています。

政府管掌健保、組合健保、共済組合健保、国民健康保険などの健康保険は、国の重要な福祉政策の根幹をなす国民皆保険制度を支えるもので、健康保険法によって運営が規制されるとともに、多額の国費が投入されています。基本は自らの疾病、怪我に対する給付で第三者により被害を受けた場合は原則として給付は受けられません（給付対象外）。

一般的には健康保険とは、加入者がケガをしたり病気になったりしたとき、不幸にしてお亡くなりになったとき、あるいは出産のために仕事を休んだりしたときなどに、医療給付金や手当金などを支給することによって、加入者の生活を安定させることを目的とした社会保障制度のことを言います。

保険料はもちろん各加入者が負担します。制度の運営のために健康保険組合が結成され、給付金の支払いなどの手続きを行うのが一般的な流れとなっています。また、職域によって加入する制度が異なります。大雑把な分け方にはなりますが、農業や自営業を営む方たちが加入する「国民健康保険」、そして、会社や商店などで働く方たちが加入する「健康保険」という2つの制度に区分することができます。

「社会保険診療報酬支払基金」（以下、支払基金）が各徴収金を集め、国民健康保険の場合は各都道府県に所在する「国民健康保険団体連合会（以下、連合会）」がその役割を担っています。しかしながら、支払基金も連合会も機能していないのが実情です。

厳密にいうと、両者は医療機関からの請求内容を精査する必要があります。具体的には、医療機関から送付されてきた診療報酬明細書（通称、レセプト）の内容が適正なものかどうかを逐一確認する必要があるわけです。「過剰に行われている検査はないか」「不必要な診療は行われていないか」「不正な費目の計上がなされていないか」、そうした点を細かに確認することが、その存在理由なのですが実態ははるかにかけ離れています。

審査委員の主力メンバーは、各都道府県の医師会に所属する医師が担います。「正しい医療が行われているどうかを確認するのが目的なのだから、それを見抜く目を持った人物がその任に当たる」、なるほど、たしかに筋は通っています。ですが見る目を持っていることと、実際に見ることとは違います。過剰な部分を見抜けば当然に請求額からそれを差し引く、明らかな不正が見つかれば然るべき場所へ告発する、そうなれば医療機関の収入は減り、（あくまでも不正を働いた当人にとってですが）最悪の場合には刑事訴追を受けます。同じ医師仲間に対して医師である審査委員が厳しく対応するというのは非常に考えにくいことです。

見て見ぬふりをしているのかどうかは、実際のところはわかりません。しかしながら、支払基金は年間７００億円を超える多額のレセプト、審査料を受け取っています。その一方で、過剰や不正な請求として摘発された金額は４００億円強にすぎません。ここまで費用対効果が明らかに悪いことの理由は、見るべきものを見ていない点にあるのだと考えることができます。いや、そう考えるのが自然ではないかとさえ思います。

「抑止効果が働いている」と言う人もいるかもしれません。ですが、一度でもご自身のレセプトをしっかり眺めてみればお分かりのとおり、そこにはわけのわからない費目がたくさん並んでいます。その一つひとつが適正はどうかを見抜くためにどれだけの労力が必要になるか、それを考えれば答えは自ずと見えてくるのではないでしょうか。

「そもそも貴重な保険料を適正に扱う仕組みになっていない」「そうした実態を多くの人がわかっていながら放置に近い状況が続いている」「巨大な利権のために肝心の人たちが口ごもっている」――このような現状をお伝えしたいと思っているのです。

そして、こうした問題は私たちが体験したように、交通事故が関係する場面でより一層顕在化することになります。どのようなことが起き、今も、どのようなことが続いているのか。それを少しでも感じていただければ幸いです。

交通事故と健康保険の問題

「交通事故でケガをした際の治療に被害者が自分の健康保険を使用する」―先にも述べたとおり、これは制度としての本来の目的からは明らかに外れた対応であるといえます。それでも損害保険会社を筆頭に、あるいは裁判所も一緒になって健康保険の使用を推奨する動きがあります。

私はそうした動きに大きな懸念を抱いています。国民健康保険を使用させるということは、前述の診療報酬詐欺事件となんら変わりがありません。指定暴力団と任意保険会社は同じことをしているのです。

同じような懸念を表明する人もまた増えてきています。被害者の立場になって考える弁護士の方々や、あるいは心ある医師の方々。そうしたいくつもの声の中から、ここでは『Q＆Aハンドブック 交通事故診療』（創耕舎）という本に記載された内容を頼りにしながら、交通事故と健康保険をめぐる問題について掘り下げていきたいと思います。

できるだけフラットに問題に接することを考えていますので、まずは健保使用のメリットについて見ていきます。

加入者（交通事故の被害者）にとってのメリットとして挙げられるのは、次の2つのケースであるといえます。

①事故の相手＝加害者が任意保険に加入していない場合で、かつ、自賠責保険の限度額を損害額が超える可能性が高い場合

②被害者自身にも過失があり、過失相殺は医療費を含む損害額の全体に対して行われることから、医療費以外の補償を十分に受けるため予め医療費を圧縮しておく必要がある場合

いずれも加入者本人にプラスになることなので、これらの場合に健康保険を使用するのは制度目的にも適っているということができます。しかし裏を返せば、これくらいしかメリットはないのだと見て取ることも可能です。なお、医療機関の側に目立ったメリットは存在しません。

続いて、デメリットについても確認していきましょう。ここで挙げられる要素はメリットに比べて非常に多いのが実情です。

①健保組合へ「第三者行為の届出」を提出する必要がある

②国によって診療報酬が定められており、（正しく運用されるならば）一部に制約もあることから十分な治療を受けられない可能性がある

③「症状固定」や「打ち切り」といった概念はない＝治療を継続できる一方で、後遺障害の認定請求が困難な場合がある。あるいは、治療が長期化した場合、損害保険会社が治療費の支払いを打ち切ってくる可能性が高くなる

④健康保険の規則にしたがい、治療のたびに一部負担金を支払う必要がある
⑤加入者に代わって健保組合が損害保険会社等に治療費を請求する（求償する）ことになるが、求償が的確に実施されない場合も多く、自らが加入する健保組合に損失を与える可能性がある
⑥診療は医療機関と加入者だけの関係に限定され、損害保険会社等からの問い合わせや診断書発行要求に対して応じられない場合がある

さらに、医療機関側のデメリットとして、「事務手続き（本来は義務のない事故によるケガと私傷病とを分類する事務サービス）が煩雑になる」「損害保険会社などへの対応に手間を取られる反面、金銭的な見返りはない」などといった点を指摘することができます。

このように、交通事故において健康保険を使用することには、加入者、医療機関の双方にとってメリットは少なく、デメリットは非常に多いと見て取ることができます。

こうしたことは、損害保険会社は決して言いません。もちろん、事故に遭った経験のない一般加入者が知っているはずもありません。それなのに、健康保険を使うことが当たり前であるかのような論調があることに怒りと戦慄のような感情を禁じ得ません。これでは指定暴力団組員より酷い「新たなシノギ」、組織的な診療報酬詐欺を展開する「悪徳商法」そのものです。

「健康保険を使うことのメリットはただ保険会社の側にだけある」――そんな気持ちが沸々と湧いてきます。ですが、そのことについては次章に譲ることにします。

私たちは、ここで挙げた数々のデメリットを実際に経験しました。どれも嘘のような出来事ばかりです。そのなかでも特に、デメリットの⑤として挙げた問題、「健保組合から加害者（損害保険会社を含む）求償が的確に実施されない」とは一体どういうことなのか。そのあまりにも酷い実態をまざまざと見せつけられました。

私たちの大切な保険料がどのように扱われているのかを、そのやり方の稚拙さを全身で実感することになりました。その内容について、ここから具体的にお話ししていきます。

私が体験した驚くべき出来事

少しだけ話の針を戻します。今回の事故で私たちは、平成24年8月31日を「症状固定」の日として定め、以後の治療費については「打ち切り」とする＝一切支払いには応じないことを、ほとんど一方的に東京海上から通告されました。

それまでは自由診療にて治療していたのですが、保険会社が支払わない場合に備えて「第三者行為の届出」を市役所へ提出したうえで、健康保険を使用することに方針を変更しました。このことによって、私たちと健康保険との間に関係が生まれました。

私の母は国民健康保険に加入していましたので、より正確にいえば、私たちと国民健康保険団体連合会と関係が生じることになったわけです。

最初の問題は後期高齢者医療をめぐって生じました。母は事故の当時すでに後期高齢者に該当していましたので、この費用についてどのように対応するかが問題となったわけです。

母が住んでいる地域の後期高齢者医療広域連合会長名で、当該地域の国民健康保険団体連合会（以下、国保連）に対して、私たちの届出をふまえて求償事務の依頼がなされました。入手した資料によると、それは平成24年8月23日付の依頼とのことでした。

求償事務ということですから、母がこれから使用する後期高齢者医療の費用を加害者、ないしは、損害保険会社に対して求償せよとの依頼です。ちなみに、国保連は医療機関からのレセプトを精査するだけでなく、こうした求償事務の代行も行っています。このあたりのことも、多くの方が知らないままになっていることのひとつであるといえます。

しかし、それから約2週間という短い時間の後に、国保連から広域連合会長に対して一通の書類が送付されています。タイトルは「損害賠償求償事務処理停止通知書」、ひと言でいうならば、「依頼された求償事務は行いません」という宣言です。

求償できない＝事務を停止する理由として挙げられていたのは、今回の事故の治療が自由診療で行われており、後期高齢者医療は未使用であるというものです。私には何だか訳がわかりませんでした。

実際のところ、母は後期高齢者医療を使用しています。そして、その金額は約４００万円にも上ります。このお金が実際に国保連から医療機関に対して支払われていることも確認しています。それなのに、加害者や損害保険会社に対して一切の求償がなされていないのです。しかも、「後期高齢者医療は未使用である」という理由で。誰かわかる人がいるのなら、このロジックを教えてほしいと思います。「使っていないといわれるお金が実際に使われ、支払われてもいる、それなのに使っていないことを理由に求償がなされない」、ここに大きな矛盾があると思うのは私だけでしょうか？

さらに、何らかの事情で求償を中止するのだとしても、国保使用分の400万円もの大金にかかわる問題であるのに、わずか2週間で簡単に決着している点にも強い不信感を覚えます。これは国保連の資産ではなく、加入者の大切な保険料なのです。この点について、当事者の誰も何も語ってはくれていません。

もちろん、問題はこれだけにはとどまりません。後期高齢者医療広域連合会に対しての文書の他に、母が住む自治体の首長名で求償の依頼が出されていました。これも私たちが後から入手した書類によれば、平成25年1月25日付での依頼とのことです。この依頼に対して、国保連は、依頼から約3週間後の平成25年2月15日に、同じく「損害賠償求償事務処理停止通知書」という名前の書類を送っています。あて先は浜松市長です。その理由があまりに衝撃的なものなので、そのとおりに引用します。

自賠責限度額については既に支払い済みのため回収不能。被害者過失を考慮し、責保険者と協議の結果、事務処理を停止します。

私の母の過失って、一体何のことでしょうか？　本書の最初のところで述べたように、事故は一方的な追突です。停車していたところを一方的に追突されたものです。それなのに、どうして被害者である母に過失があるのでしょうか？　国保連は、どのような過失の、どのような点を考慮したというのでしょうか？

一方的な対応を繰り返す保険会社も、母に過失があるという認定をしていました。明らかに謎の文書です。明らかに謎の理由です。

私たちは、真意を確かめるために、国保連の担当者を訪ねました。過失があると考えるのならば、その根拠を明確に示すように求めました。そして、何をどのように考慮した結果、求償停止という結論に至ったのかを尋ねました。その回答がまた、私たちを心の底から驚かせました。

「停止する理由はない」というのです。もしも本当に停止する理由がないのなら、自賠責保険を超えた分は保険会社に請求すればよいのです。過失がないのに協議する理由などまったくないのです。少なくとも私は保険者である自治体と協議など一切していません。

私たちは激しく抗議し、「書類を捏造したのか？」と担当者に詰め寄りました。すると、担当者の口をついて出たのは次のような言葉でした。「さきほどの書類は間違いでした。本当はこれです。」そういって見せられた書類には、まったく別の理由が記されていました。

症状固定（症状固定日　平成24年8月31日）後の介護給付の為、求償不能。
保険者との協議により、事務処理を停止します。

東京海上が一方的に通告してきた、私たちが承諾してもいない症状固定が、ここではまったくの事実として機能していました。どうしてそのようなことが起こるのかわかりません。しかし、事実はそのとおりでした。

今まで以上に、恐ろしいという気持ちが溢れそうになりました。ですが、この問題は次章で詳しく掘り下げますので、ここではひとまず割愛とさせていただきます。

２つの文書と２つの理由。いやしくも国民健康保険を取り扱う公的な機関が、このような捏造ともとられかねない対応をしているのです。

担当者は「間違い」といいました。しかしながら、２つの書類をよく見比べると、他にも不審な点がたくさんあることに気がつきました。そもそも単なる「間違い」で、ここまで手の込んだ理由の差し替えが行われるはずなどありません。

そんな子供だましが通用すると本気で思っていたのでしょうか？　だとすれば、あまりに人をバカにした話です。というよりも、そのような対応をされる理由が私たちにはありません。

こうした一連の問題は、自由診療から健康保険に切り換え、医療機関に手続きの方法を照会したことから明らかになりました。もしもそれをしていなかったらと思うと、本当に背筋が寒くなります。最終的には、私の母が悪かった事故だというようにされていたかもしれません。そうしたことを、もはや現実だと考えることが私にはできません。

そして大切な健康保険料が消えていく

改めて問題を整理します。

私の母が使用した健康保険は、国保連の判断により求償が停止されました。その理由は、最初に示されたものは明らかに「捏造された」ものであり、次に示されたものは承諾していない事実に基づくものでした。言い換えれば、保険会社の主張だけを前提として物事が進んでいたわけです。

そんなずさんな対応によって「大切な健康保険料が消えていく」「本来であれば加害者に対

して、実質的には保険会社に対して請求されるべき金額が、国保連の許しがたい対応によって求償されないままになっている」――理由が納得できるものならばこんないい方はしていません。それが明らかに事実に反するものであったり、あるいは、一方の当事者の見解だけを取り入れた偏った判断によるものであったりする点に、きわめて強い問題意識を覚えているのです。

こうしたことが、一事が万事、とまでは言い切りません。しかしながら、先にデメリットの⑤として挙げたとおり、すでに求償が的確になされていないという点は問題として認識されています。特に損害保険会社に対する求償の問題は致命的なものとなり得ます。

すべての交通事故のなかで、健康保険を使用するケースがどれだけあるのかはわかりません。ですが、相当な数に上るはずです。レセプトのチェックをしっかりとできない国保連のような組織が保険会社に求償する大量の書類を精査し、正確にすべてを実行していると考えることには明らかに無理があるように思います。

日々の実務がいい加減な対応によって流されている。つまり健康保険料は日々消えていっている。求償しないという方法によって消えていっている。私たちは、そのあまりに酷すぎる例と遭遇しただけなのだと思います。

だからといって何が解決するわけでもありません。私がこんなことを書いている間にも、日本全国の都道府県で多くの国保連が「本来求償すべき医療費を明確な理由もないまま闇に葬り去っている」、その可能性をきわめてリアルに感じることができたと言えるくらいです。

もしかすると、戦後の高度経済成長以降、バブル崩壊を経て、次第に明らかになってきたこの国の歪みと呼ぶべき部分が、このような点にも表れているのかもしれません。そう考えるとさらに暗い気持ちになります。

「間違い」だといわれた書類の出来からも明らかなように、これはもはや一介の担当者が扱えるレベルを超えた問題です。組織ぐるみの問題です。だからこそ、大きな歪みの存在を感じるわけです。これを放置し続けると、やがて大切な国民皆保険制度が崩壊しかねません。

そして、昨年、後期高齢者医療の低所得者特例措置が廃止され、７４０万人にものぼる加入者の負担が増えました。もちろん、求償の問題はこの廃止関連の報道にはいっさい書かれていません。

しかしながら、こうした負担増に国保連のずさんな対応が影響していることは火を見るよりも明らかです。しかも、それがほとんどの人には理解されぬまま、大切な健康保険料が今もなお消し去られていっているのです。

これ以上の拡大は、何があっても避けなければならない事態です。厚生年金の問題と同じくらいに、また、年金から介護保険料は天引きされているのですから、しっかりと考える必要があります。そのような危険性を、まさに制度を運営する当事者たちが拡大している点に闇の深さをまざまざと感じる思いがします。

改めて繰り返します。みなさんの大切な健康保険料がずさんな対応によってムダにされ、今もなお、ムダにされ続けています。

一つひとつは大した問題ではないのかもしれません。ですが、ピラミッドは常に蟻の一穴から崩れるものです。こんなことをずっと許していては、真面目に生き、働き、そして健康保険料を負担している人たちがまったく報われないではありませんか。

だから私はこうして声を上げています。でも、まだまだ小さな声です。私の声に続く人が一人でも増えてくれることを心から望んでいます。そうした声が社会を変える力に昇華していくことを願っています。そのために、もう少し本書を続けます。

次に掘り下げるのは保険会社の問題です。国保連のずさんな対応を知りながら、口をつぐみ、こぼれてくる甘い汁を独り占めにしている、そんな損害保険会社の実相についてお伝えします。ある意味では、国保連以上に許せない存在といえるかもしれません。

近頃はどこの保険会社もテレビなどで立派な宣伝を行っています。人気のある俳優を起用し、「顧客満足度No.1」、あるいは「お客様のために」そんなまぶしいキーワードをいくつも並べています。そんな華やかな表向きの裏に潜む、暗くて深い闇の存在。

そうした闇を眺めるのは決して心地よいことではありませんが、もう少しだけお付き合いいただけると幸いです。

第三章

歪みが保険会社の暴利に
つながっているんです！

交通事故の際の損害保険の仕組み

すでに述べた内容と重なる部分もあるかもしれませんが、交通事故が起こった際に、現在の保険会社はどのような仕組みのもとで、どのような機能を果たしているのか、まずはその点から見ていくことにしたいと思います。

読み進めていただければわかることですが、保険会社が抱える「闇」は非常に大きいものであると言えます。しかし同時に、それは組織の在り方、ないしは構造の問題であって、現場で懸命に働いている社員の方々個人の問題ではないと考えています。

そのために、「現状が加入者や事故の相手だけではなく、個々の社員にとっても過酷なものであることをお知らせしたい」、そのようにも考えています。個人攻撃は決して問題を解決しません。

本論に入る前に、交通事故に関わる保険知識を簡単に整理しておきます。

①自賠責保険

国土交通省所管の国が保険者となる保険です。「保険者」とは、加入者から保険料を受け取り、支払事由が発生した場合に保険金の給付を行う者という意味です。実際の事務手続きは、手数料を受け取ったうえで、民間の損害保険会社が行います。自動車所有者には加入が義務付けられており「強制保険」と呼ばれることもあります。

被害者の生活安定のために最低限の補償を行います。通常のケガの場合は１２０万円が支払いの限度額となります。死亡の場合で３０００万円、そして後遺障害に関しては、常時介護が必要な場合で４０００万円、随時介護の場合で３０００万円という限度額が定められています。

②任意保険

任意保険とは、自賠責保険では足りない部分の上乗せとして、民間の損害保険会社が保険者となって販売している保険商品です。所管は国交省ではなく金融庁になります。強制保険に対して任意で加入するという意味合いから、「任意保険」という呼ばれ方をされています。

車両保険、対物賠償保険、人身傷害保険、対人賠償保険などが主な商品項目となっています。限度額は契約形態によって様々ですが、最近では対人・対物賠償保険ともに、無制限が一般的になっています。なお、商品構成上の問題については、このあとすぐに触れたいと思います。

③示談交渉と保険請求の仕組み

自賠責保険と任意保険は異なる保険ですが、加害者・被害者双方が発生する交通事故の場合、加害者が加入する任意保険の損害保険会社が被害者の窓口となって示談交渉を行います。最後の方で触れますが、日本では弁護士以外が示談交渉を行うことが禁じられています。しかし、特別な覚書を締結することによって損害保険会社だけが特別に示談交渉を行うことを許されています。

自賠責保険で支払われるべき120万円（通常のケガの場合）までの範囲も含めて任意保険会社が交渉し、任意保険から支払われる分も含めて一括での支払いを行うのが一般的になっています。このことを「一括請求」と呼んだりもします。任意保険会社は支払いが終わったあとで自賠責保険に請求を行います。このことを「求償」と呼びます（国民健康保険の求償とは、言葉は同じですが違うものですのでご注意ください）。

被害者には、誰が何をどれだけ支払ったのかがまったく見えない仕組みになっています。任意保険会社はこの仕組みを利用して、できるだけ自賠責保険の範囲内に賠償金を収める努力を重ね、自分のフトコロからお金が出ていくのを避けようとしているわけです。

加入者である被保険者からの事故報告を受け、損害保険会社の仕事がスタートすることになります。被保険者が加害者である場合を基本に考えますが、事故の相手である被害者への連絡、修理工場への損害確認の手配、被害者にケガがある場合は病院への連絡など、さまざまなタスクを短時間に完了することが担当者には強く求められています。

自動車保険などは特にそうなのですが、商品内容自体は平準化が進んでおり、どこで加入しても大差ない状況になっています。また、顧客のニーズを明らかに汲み取りすぎたため、非常に複雑な商品構成になっていて、一般人にはほとんど理解ができないというのが実態であるといえます。

このことがまず、事故の当事者だけでなく保険会社の担当者にも大きな負荷をかける理由になっています。しかし保険会社は、商品の平準化という問題を解消し、自社の差別化を図るために、サービスの良さを前面に出す戦略を採ることにしました。先ほど例示した各種初期対応のスピード、電話応対の親切さ、ないしは顧客ニーズを踏まえた進捗の報告など、実に多岐に渡る対応が担当者には求められます。

こうした会社の方針によって、社員の労働環境はますます過酷になっています。近年では自然災害なども多く、ただでさえ保険会社にとってはハードな状況が続いています。しかし、社員を大幅に増やしたという話はまったく聞いたことがありません。

「利益が減れば保険料を値上げする」という、人ではなく負担が増える話なら何度も耳にしました。今回の事故の件で、私たちに接してきた担当者の態度がよかったとはまったく思っていませんし、落ち着いた、今ふり返ってみても、かなり冷淡な雰囲気だったという印象です。それでも個人を責める気持ちはありませんし、今述べてきたような無理の積み重ねが個人を疲弊させているのだと思います。

話を事故対応の流れに戻します。

保険会社の役割は、もちろん初期対応だけではありません。物損に関しては、自動車やガードレールなど被害物件の修理を確定し、ケガの場合は治療費の支払い、仕事ができなくなった場合の休業補償、あるいは慰謝料の金額を打合せるなどして示談の締結までを担います。

双方の当事者に責任があるケースでは、(物損事故の場合に多いのですが) 相手が加入している保険会社や当の相手本人と責任の割合について協議します。それを1〜2名の担当者で行っている場合がほとんどです。

そもそもの状況が過酷であるうえに、個々の対応品質までが厳しく問われ、そのうえ取り扱う商品はどんどん複雑なものになっていて、担当する人たちを気の毒に思う気持ちもないではありません。

いずれにせよ、事故の当事者同士ではなかなか上手くいかない解決を、双方の間に立って円滑に実現することが、交通事故において保険会社に期待される機能であり、また、果たすべき役割であることは確かです。

そのような機能や役割を本当に自覚できているのかどうか。社員の一人ひとりもそうですが、会社のトップにある人たちは本当にそのことを自覚しているのかどうか。

数多くの事故を担当し、解決するのではなく、仕事として「処理する」という感覚に陥っているのではないだろうか。本当に加入者や被害にあった相手のことを思う気持ちがあるのだろうか。

真の意味での「解決」とは何なのだろうか。自分たちの「理屈」だけを押しつけ、被害者側の感情などまったく無視して、気に入らなければ裁判に訴えて無理やり紛争を「終了」させる、それがはたして「解決」と呼べるのだろうか。そもそも、保険会社が口にする「理屈」や過去の裁判等をもとにした「前例」にはしっかりとした根拠があるのだろうか。

そんな疑問の数々が、ひっきりなしに湧いて出てきます。

そもそも、保険会社が解決の「当事者」として存在できるのは、昭和48年に、日本損害保険協会と日本弁護士連合会との間で締結された覚書があるからです。

この国には弁護士法という法律があって、その第72条に、弁護士以外の者が報酬を得る目的で交渉の代理人になることを禁じる規定があります。保険会社も例外ではありません。しかし、先の覚書によって、損害保険会社には例外が認められています。このことの重みを本当に理解できているのか、という怒りを禁じえません。

また、「お墨付き」を得たことによって保険会社は、独自の損害賠償基準を設けて交渉を行い始めました。裁判例に基づくとはうたっていながらも、それは弁護士会が作成する基準などから大きくかけ離れています。このことも、これから記載するような大きな問題につながっています。

詳細は後段に譲りますが、ここでは、保険会社の悪しき対応に積極的な姿勢で関与する弁護士がいることを指摘しておきます。当初の覚書の精神から大きく逸脱し悪事に加担する、そんな弁護士は一部だと信じたいですが、存在しているのは事実です。同じく許すことができません。場合によっては、覚書の見直しさえ必要なのではないか、そんなことさえ考えてしまいます。

また、日本損害保険協会は、日本弁護士連合会からの要請を受けた日弁連交通事故紛争処理センターとも覚書を締結し、交通事故の円滑処理を図っていく点について互いに確認をしています。

しかし、その実態がこのようなものであるのだとしたら、いったい何のための覚書なのかといわざるを得ません。表向きはキレイごとを並べながら、裏側ではまったく逆のことをしているわけです。それなのに、日弁連はそのような状況を改善するために、何かをしているとは見て取ることができません。そんな背景もあって、保険会社の在り方を問うのは非常に難しいことです。

本書の中心的な問題意識である、ケガをしたケースでの健康保険使用をめぐる問題も、保険会社が主張する「理屈」と健康保険加入者感情とのギャップ、「前例」という根拠に対する少なからぬ疑問、それらの問題性を多分にはらんでいるということができます。

その点を詳しく確認することで、問題がさらに明確に浮かび上がってくると感じています。したがって、そうした観点を踏まえながら、交通事故における健康保険使用の問題について、さらには損害保険と健康保険の関係について、詳しく見ていきたいと思います。

交通事故／損害保険と健康保険の関係

被保険者（損害保険の加入者）が加害者で、事故の相手方が被害者（健康保険の加入者）である場合を前提に考えます。言葉の意味が錯綜してはいけないので、ここでは今の例にならって「加入者」という表現は用いずに、「被保険者」「被害者」という形でわかりやすく区別することにします。予めご容赦ください。

健康保険とは被害者自身の生活を安定させるという目的のために、健康保険に加入する人全員が応分の健康保険料を負担し、ケガや病気などの際に医療費などを給付する社会制度のことをいいます。被害者自身の利益になることが目的なのであって、被保険者の利益は当然のことながら関係がありません。

交通事故のように加害者がいるケースでは、一義的には加害者自身が被害者の医療費を負担すべきであって、健康保険を使用することは前提としていません。それは多く人たちが負担した健康保険料を本来とは違う目的のために使用することを意味しているからです。

それでも、例外にあたるケースというものはあります。それは、被害者自身にメリットがあるかどうかによって決まります。そして、先にも触れたとおり被害者にも事故の発生に一定の責任がある場合、自らが加入する健康保険を使用することには大きなメリットがあります。なお、ここでは損害保険との関係を問題にする目的から、加害者が損害保険に加入していないケースについては言及しないこととしています。この点についてもどうぞご了承ください。

そのメリットとは、端的にいえば損害額の全体を圧縮することです。具体的には次のような構図になっています。

被害者に対して支払われる損害賠償金の金額は、被害者自身の責任の割合分が損害額全体から控除されたうえで算出されることになります。このことを一般に「過失相殺」と呼びます。過失相殺は慰謝料だけではなく、治療費や休業損害といった実損害額に対しても適用されることになります。したがって、治療費の金額が少ないケースの方が最終的に相殺される金額が少なく済むことになります。そのために、健康保険を使用して損害額を圧縮するわけです。

これは被害者自身の生活を安定させるという健康保険の制度目的とも明らかに一致しており、推奨されて然るべきであると考えます。私自身、何の違和感も疑問もありません。しかしながら、損害保険にまつわる現実は、こうした目的の維持とは明らかにかけ離れていると言わざるを得ません。

保険会社の担当者は、ケガをした被害者に対して、まるで決まり文句のように「健康保険を使ってください」と繰り返します。それを口にしないのは、損害額が「自賠責保険」の範囲内で収まると確実に見込まれる場合だけです。

ここで先に自賠責保険のことをお話しします。自賠責保険は国が運営する「強制保険」であり、すべてのドライバーには必ず加入する義務が課されています。他方、損害保険会社が販売する自動車保険は、強制保険に対して「任意保険」と呼ばれる性格のものであり、補償の少ない自賠責保険の上乗せ部分として、ドライバーが自らの意志で加入する形になります。

とはいうものの、これらの違いは非常にわかりにくくなっています。なぜならば、自賠責保険の販売や事故が起こったときの対応、保険金の支払いなども、すべて民間である損害保険会社に委託されているからです。

自賠責保険で支払われる部分についても、基本的には保険会社が窓口となって交渉し、先に保険金を立て替え払いし、そのうえで応分の金額を自賠責保険に求償するというプロセスがすでに確立されています。被保険者にも被害者にも、支払われた金額が自賠責保険でまかなわれたのか、それとも任意保険の部分から支出されたのか、簡単にはわからない仕組みになっています。こうした点にも問題の根が潜んでいると私は考えます。

被害者に責任がない場合であっても、ともすると自賠責保険の範疇で終わる場合であっても、担当者は健康保険の使用を求めている可能性があります。「被害者には何のメリットもなく、また健康保険本来の制度目的とはかけ離れているにもかかわらず」です。

知り合いの伝手をたどって聞いたところでは、保険会社によっては健康保険の使用率を数値化し、担当者を評価する際の指標として使っている場合もあるとのことです。もちろん、また聞きですので真偽のほどはわかりません。ですが、本当だとしたら絶対に許せないことだと考えます。

そしてもっと大事なことは、健康保険を使うことによって、保険会社にどんなメリットがもたらされるのかという点です。

被害者のメリットを考える際に、損害額が圧縮されると書きました。みなさんもご存知のとおり、健康保険を使用した場合、医療機関が請求できる医療費の金額や範囲は厳しく制限されており、自由診療の場合に比べて、かなり廉価なものになっているのが実態です。それが被害者のメリットとは関係ない範囲にまで拡大され、あるいは、圧縮された金額がたどるべき道はどこへ向かうのか…。

みなさんはもうお気づきですよね？　そうです、圧縮された金額はすべて保険会社の利益に生まれ変わるのです。自賠責保険のプロセスなども巧みに利用し、被害者はもちろんのこと、病院や薬局などの医療機関に対しても何ら恩恵を生まないにもかかわらず、保険会社が健康保険の使用にこだわる理由は、まさにこの点にあったのです。

しかも、私たち一般市民にはまったくわからない場所でこうしたことが行われているのです。たまたま私たちは「どこにでもある交通事故」の被害者となり、しかしながら、国保連や保険会社から、あまりにも酷い対応をされたことで、こうした問題に気づくことができました。

それは、ある意味では、非常に幸運なことであったのかもしれません。無論、できればそうなりたくはありませんでしたが…。

健康保険という社会制度の「歪み」が保険会社の暴利へとつながっているという深い「闇」へと掘り進んでいくために、私たちが保険会社から受けた対応の詳細について、次に紹介させていただくことにします。それは「暴力」と呼んでも決して差し支えない、それほどのものであったと、今も変わらず確信しています。

私たち親子を襲った保険会社の暴力

第一章でも記載したとおり、私の母は、ある日突然交通事故の被害者となり、ある日突然、治療費の支払いを打ち切ると一方的に通告され、ある日突然、一方的に裁判に訴えられ、敗訴して多大な不利益を被ることになりました。

大まかな流れについてはここでは繰り返しませんが、いきなり「打ち切り」を宣告されてから、裁判にかけられ敗訴へと至るまでの経過のなかで、いくつかの許しがたい暴力を経験してきました。その点について、可能な範囲で、できるだけ詳しく、みなさんにお伝えできればと思っています。

裁判には敗れましたが、今後もさまざまな形で各方面への働きかけを検討しています。そうした関係上、どうしても割愛せざるを得ない部分もあるというのが正直なところです。それでも、ここに書くことはすべて実体験にもとづく真実です。その点をどうかご理解いただき、また、ぜひとも意のあるところを汲んでいただき、どうかご容赦いただけると幸いです。

はじめに挙げられるのは、いわゆる「症状固定」をめぐる問題です。「症状固定」とは、被害者に何らかの症状が残存していることは認めながらも、医学的な見地からは大きな改善が見込めない状態、端的にいえば、これ以上よくはならない状態のことを意味しています。

一般人には明らかに聞きなれない言葉です。このような状況にあると判断された場合、損害賠償というプロセスにおいて、被害者の治療はいったん終了とみなされます。実際に治療を継続するかどうかは被害者の自由ですが、少なくとも症状固定以降の治療費については、被保険者は支払う義務はないとされるのがこれまでの日本の裁判例です。もちろん、大まかな目安はあるものの、絶対的な基準はありません。

いわゆる「むちうち」の場合は3ヵ月で終了、などと言われていますが、基本的には被害者一人ひとりの実情に応じて医学的な見地から判断することが必要です。

「前例」の基本的な考え方に違和感はありません。「後遺障害」という言葉が世の中に存在しているくらいですから、なかには改善の余地を失ったケースがあることも理解できます。そして、すべてを被保険者に課すことが酷だという点についても同意します。問題は、「それが医学的な見地からなされるべきだということ」、そして「被害者個人の納得のうえで決められなければならないということ」この2点です。

しかし東京海上は、これら2点をいずれも無視しました。

平成24年8月31日という決して忘れることのできない日付。その2ヵ月半ほどまでに担当者から通告があるまで、母も私も何の問題もなく、何の疑問もなく、そして何の不安もなく、治療を続けていました。あえて問題があるといえば、なかなか回復が進まなかったことくらいです。

それでも母は治療とリハビリを懸命に続けました。趣味の卓球に支障が出る不安と闘いながら、何とか前向きに日々を過ごしていたのを今でも記憶しています。それなのに、事情もわからぬ私たちに「症状固定」と治療費の「打ち切り」をちらつかせ、後遺障害診断書を提出しなければとんでもないことになる—そんな雰囲気を言葉の端々にはっきりと滲ませながら、担当者は私たち親子に非情な通告をしてきたわけです。

それは文字どおりの「暴力」でした。医師からそのような可能性を示唆されていたわけではありません。保険会社が作れといってきたので、よかれと思ってすぐに診断書を作成してくれましたが、母の主治医が、まさに「医学的な見地」から症状固定と判断した事実はどこにもありませんでした。だからこそ、「打ち切り」といわれて私たちは激しく動揺したわけです。医療の専門家でもない保険会社が、どうして主治医の見解も求めずに、すでに母が症状固定の状態にあると判断できたのでしょうか？　これは主題からは外れるのでこれ以上は言及しませんが、この暴力は国保連の不適切な対応を明らかに誘発することとなりました。その意味でも非常に罪深い対応であったと思います。

平成24年8月31日という通告は裁判にも暗い影を落としました。まさに「言ったもん勝ち」の状況が作られてしまったわけです。巨大な組織である保険会社が、一介の個人に対してこのような対応をしてくるなど、とうてい許されることではありません。

これに続く暴力は、後遺障害の是非をめぐる問題にかかわっています。「打ち切り」をちらつかせて迫られ、激しく動揺した私たちは、主治医の先生にも診断書の作成を急がせてしまいました。その結果、後遺障害診断書から「頸椎ヘルニア」という傷病名の記載が漏れてしまいました。人間誰しもミスをするものですし、それを認め謝罪し、しっかり訂正していただいたので先生に対して含むところはまったくありません。

しかし、東京海上は結果的にこのミスをも悪用しました。私たちのあずかり知らないところで、誤った後遺障害診断書をもとに、自賠責保険に対して後遺障害の事前認定手続きが行われました。

これも少し補足をしておくと、損害保険会社が保険金支払い手続きを代行する仕組みの一環として、後の求償の段階になってから、双方に意見の齟齬が生じてトラブルにならないように、後遺障害に関しては事前に該当の可否、該当すると判断される場合にはその等級を伺うことが決められています。

もちろん、その場合には被害者が同意していることが前提になります。私たちは「後遺障害診断書を出せ」とは言われましたが、それがどんな目的のためなのか、どのような手続きが今後行われるのか、といった点については何の情報も与えられていませんでした。

ここに書いている仕組み等のことは、すべて後から自分で調べた結果わかったことです。つまり、私たちは何の同意もしていないのに、東京海上の横暴で勝手に後遺障害の事前認定手続きが取られることになったわけです。

結果はもちろん非該当。不正確な診断書にもとづいているのだから当たり前です。私たちは手続きに関する事情が少しはわかるようになってから、東京海上に対して激しく抗議しました。診断書が不正確なものであることを指摘し、主治医の先生にもそのことを証明していただき、手続きのやり直しを求めました。先生のお話では、東京海上の強い意向と誤った説明によって、本意ではない診断書を作成することになったというものでした。何度も書いてきたとおり、8月31日という日付は本当の症状固定日ではないということです。

なお、母は8月31日には診療には行っていないのですが、資料のうえでは診療を受けたことになっていました。恐ろしい話です。しかし、東京海上の担当者は私たちの主張にはまったく耳を傾けず、最終的に裁判を提起してくるという暴力を実行しました。私たちの主張を完全に否定する改ざんされた診断書まで提出してきました。

事情を丹念に説明し、誤解を解き、納得のいく判断を得たいという思いで進めてきたにもかかわらず、私たちは「被告」の立場に追いやられました。

『後遺障害に該当するとは認められない』『したがって、追加で手続きをする必要も、追加で支払うべき金額も何もない』、それが裁判における東京海上の主張です。

だからといって私たちは諦めませんでした。まず平成25年10月に、自治体と国保連に対して強く働きかけを行い、東京海上が求償に応じるよう改めて依頼をかけてもらいました。

しかし、東京海上はそれに応じませんでした。それどころか、母が手術のために転院した病院の費用についても、自由診療で私たちが勝手にやっているとの主張から、一切の治療費の支払いを拒絶しました。その金額は約750万円にものぼります。

非常に大きな金額です。東京海上は、8月31日という虚偽の症状固定日を強固に主張し続け、介護保険に関わる自治体の求償を停止させたわけです。これは明らかに、損害賠償額を低く抑えるための方策としか思えません。

また私たちは、裁判直前の平成26年3月、弁護士に依頼のうえ自賠責保険に対して被害者請求手続きを行い、正しい情報にもとづいて再判断を求めた結果、何と7級4号の後遺障害に該当するとの認定が下りました。後遺障害は、重い順番に1級から14級までの等級が定められています。したがって7級というのは決して軽くはない後遺障害ということになります。それを保険会社は完全に無視したわけです。無視しただけでなく、誤った情報にもとづいて「処理」を進め、まるで自分のミスを隠蔽するかのように無理やりなかったことにしようとしたわけです。

非常に性質の悪い暴力です。もしも私たちが被害者請求をしている事実を知り、認定結果が出る前に裁判で決着をつけようとしていたのだとしたら、支払額を抑制するためだけの、本当に悪質な対応としかいいようがありません。

繰り返しになりますが、自賠責保険を運営しているのは国です。今は損害保険料率算定機構という名前になっていますが、多くの損害保険会社ＯＢが第二の職場として勤務し、審査や事務手続き、損害保険会社とのやり取りを日々行っています。

そうした組織が母の症状を7級の後遺障害と判断したのです。東京海上の担当者の判断と、その後の対応は一体何だったのでしょうか？　私たち親子に個人的な恨みでもあったのでしょうか？　もちろん、私たちの側に恨みを買う覚えなどまったくないのですが…。

私たちは、何とか正しい判断を自賠責保険から得ることができました。それでも、続く裁判のなかで、東京海上はそれを受け容れようとしませんでした。公的機関が認定した結果です。普段は自分たちも信用して使っている結果です。自分に都合のよいときは、「自賠責保険の認定ですから仕方がありません」などと上手く利用し、自分に都合の悪いときは決してそれを認めようとしないという保険会社の横暴ぶりが透けて見えてくるようです。

こんな話を聞いて、みなさんはどうお感じになりますか？　日本を代表する大きな会社の対応だと、本当に信じることができますか？　もしも自分の身に起きたことではなかったら、私は信じることができなかったかもしれません。だから、信じないという方がいたとしても理解することができます。それでもやはり、真実であるという点は変わりがありません。

そして、東京海上の暴力はこれだけではないのです。最後の暴力は、裁判の仕方そのものに関わっています。

私たちが東京海上から提起された裁判は、「債務不存在確認訴訟」と呼ばれる特殊な裁判です。一般に民事における裁判は、被害にあった側が加害者を訴える場合がほとんどであり、そもそも加害者に損害賠償責任があるのかどうか、仮に責任がある場合、その範囲はどこまでなのか（＝支払うべき損害額はいくらか）という点をめぐって争われることになります。

しかしながら債務不存在確認訴訟とは、加害者が被害者を訴えるものです。その意味で私は「特殊」という言い方をします。被害者から訴えられる前に、自分には責任がないこと、仮に責任がある場合でも、支払うべきものが何もないこと（＝債務の不存在）、それらを確認するための裁判が債務不存在確認訴訟に当たります。

このような裁判を巨大な組織である損害保険会社が提起することは、被害者が適正な治療を受ける機会や適正な損害賠償を請求する権利に対して、事実上の圧力として機能することが懸念されています。また、被害者の症状が症状固定には至っておらず、損害額がさらに大きくなる可能性がある場合には、債務不存在確認訴訟を提起したとしても裁判所はそれを却下する場合があるともいわれます。

訴訟が提起された平成26年3月の時点で、たしかに母は症状固定の状態に至っていました。最終的な症状固定の時期は、平成25年2月22日ということになっていました。なので、損害の拡大がこれ以上ないという点は満たしています。

しかし、裁判が始まった8か月後の平成26年11月、自賠責保険から後遺障害7級が認定されたように、母の状況は「債務不存在」というものからは明らかにかけ離れていました。それなのに東京海上は臆することもなく、あのような訴訟を提起してきたのです。

7級の後遺障害をまったくなかったことにし、不正確な後遺障害診断書の内容にいつまでも固執し、いや、あえて不正確であることを知りつつそれを主張し、支払う保険金の額を少しでも減らそうと私たちを訴えてきたのです。

そして、一方的に被害にあった母を「被告」として扱ったのです。しかも、そうした裁判を事故の当事者（加害者）を原告として設定し、自分は決して表には出ないやり方で行ってくるのです。最初にも書いたとおり、私たちは加害者に対しては何も思っていません。あくまでも東京海上の対応を問題にしているのです。それなのにこうしたやり方をするのは卑怯という他ありません。

そして残念なことに裁判所も、こうした間違ったやり方を容認しています。これを暴力といわずして何と呼ぶのでしょうか？　私にはわかりません。そして、東京海上の対応を断固として許すことができません。

最悪、私たちだけの不利益になるのなら我慢できたかもしれません。ですが、東京海上が支払いを拒絶したのは、母への損害賠償金であるだけでなく、みなさんの大切な健康保険料でもあったのです。そのことについて、改めてしっかり確認したいと考えます。

健康保険を暴利に変える保険会社

国保連の求償が的確になされないことで、少なくとも私たちの事故に関しては６３０万円強もの大金が未回収の状態になりました。その金額は、健康保険にとっては損失であると同時に、本来それを負担すべき側にとっては利益に生まれ変わることを意味しています。無論、それを負担すべき側とは保険会社のことです。

東京海上の不合理な主張は、私たちに向けられたものであると同時に、国保連にも向けられていました。その証拠に国保連は、平成24年8月31日という一方的な東京海上の主張を隠れ蓑にして、本来なすべき求償を停止しました。

両者の間に癒着があるとまでは言っていません。ですが、真実がどこにあるかという社会正義とは一切関係なく、ただ表面的な「理屈」を整えることだけに腐心し、国保連は面倒なトラブルや求償手続きから免れるというメリットを享受し、他方、保険会社は「無理難題」をふっかけ、肝心な部分には口をつぐむことで巨大な利益を手にしているのです。

私たちの身に起きたことが、私たちだけの出来事だとは思えません。今回の出来事の背後には、第二・第三の、いや、数多くの「私たち」が存在し、しかも強大な暴力によって泣き寝入りを強いられているに違いないと私は確認しています。

保険会社が扱う事故の数はそれこそ膨大な数に上ります。それらの多くの事案において、健康保険を扱う者は本来の業務を怠り、大切な保険料を「闇」に葬り去っています。そして、そうした「闇」の扉の向こう側には保険会社が鎮座していて、流れてくるお金を次々と飲み込んでいるのです。

人身傷害保険という保険商品があります。加害者が保険に入っていないとか、交渉が難航したときなどに備えて、自分が加入している保険会社が、加害者に代わって損害賠償金に相当する金額を前倒しで支払ってくれるという保険です。

この保険を使う場合、保険会社は健康保険の使用を義務づけています。たとえば会計検査院などが、第三者行為の場合に健康保険を使用するのは適当ではないと意見を述べているにもかかわらずです。

こうした保険会社の態度を可能にしているのが、日本損害保険協会と国保連が交わしているいくつかの覚書です。国が異論を唱えているものを、事務的な手続きの代行者である国保連が容認するという歪みが存在しているわけです。私が今回の経験を通じて見出したのはまさにこのような構図です。

そうした覚書のひとつに、「交通事故にかかる第三者行為による傷病届等の提出に関する覚書」というものがあります。これによって交通事故でも健康保険を使用することがいわば「合法化」されたわけですが、国保連の背信行為によって矛盾だらけの事態を招いています。

厚生労働省からは、各自治体の行政窓口に対して次のような通達を行っていますが、まったく現場には伝わっていません。あるいは、無視されています。

■事故発見後の対応は、事後の求償事務をスムーズに行うためにもっとも重要なポイントであることであること

■したがって、慎重に行うことが肝要であること

■事故直後、当事者は動揺していることが多く、感情的にもなっているため、担当者は相手の立場を考慮しながら親切丁寧かつ的確な判断で対処すること

■そうした配慮から、次の事項について聞き取りを行うこと
(1)正確な事故形態について
(2)自賠責保険への請求支払状況
(3)人身傷害補償特約保険の加入の有無
(4)任意保険の契約内容
(5)介護保険の使用の有無（65歳以上の場合）

国保の概念は国保法第64条、高確法第58条に説明されているとおり、保険給付が受けられることは、被害者および加害者の生活の困窮を救う手段であり、これは本来加害者が負担すべきものです。だからこそ、保険者が立て替えた分は後日加害者から返還してもらう旨を徹底する必要があるのです。それなのに、実態は明らかに逆の状況を示しています。

一般人にはとうてい理解できない複雑な商品と保険金支払いの仕組みを作り、表面的な丁寧さの裏側で実に多くの善良な健康保険加入者の資産を貪っています。それを許しているのは、国保連を中心とする、健康保険制度の脆弱さです。この国が抱える歪みの部分です。

しかしながら、仮に保険会社もこの社会の一員であるならば、そうした歪みを放置することなく健全な形で提言し、それを解消する方向へと議論を形成するべきであり、それだけの社会的な力は持っているはずです。

それなのに、それとは真逆のことを繰り返して、社会の歪みから暴利を得るなど絶対に許

すことができません。私たちが苦しんだだけならば、ここまでして訴えることなどしませんでした。ですが、これはもっともっと大きな問題なのです。この問題を放置し続ければ、保険会社だけが儲け続け、健康保険料はどんどん枯渇していくのです。

人生100年時代を迎えるに際して、健康保険制度もこれまでのような在り方はできなくなるかもしれません。大切な資産をどうやって有効に活用するのか。そんなことを、国を挙げて考えていかなければならない時代です。

そんな時代をあざ笑うかのように、制度の歪みを利用する人たち。繰り返しますが、損害保険会社で働く個々の社員の方々には、含むところなど何もありません。むしろ、いくら業務とはいえこのような「社会悪」に加担させられていることを気の毒に思います。

そうした社員の方々にもぜひ声を上げてほしい。

おかしなことは「おかしい」と、堂々と主張できるようになってほしい。

そんなことを期待したりもします。

私にできることは限られています。ですが、気づいた者の責任として、少しでも現実を改善できるように活動を続けていきたいと思います。

第四章

見えてきた損保犯罪の実態

誰も言わない「保険法の改正」

(2010年4月1日施行)

第169回通常国会において、「保険法」(平成20年法律第56号)が成立しました。従来は「保険法」とは、「商法」第2編商行為第10章・第3編類商第6章の「保険」に関する規律を指すものでした。

今回の改正では、商法から独立した「保険法」とし、保険契約者保護の観点等から内容も大幅に見直しています。保険会社に対する監督法規である「保険業法」は、今回の改正の直接の見直し対象ではありません。新しい保険法では商法から独立した「保険法」(単行法)として制定されました。

改正の主なポイントは

(1) 保険契約に関するルールの共有化として従来の商法では、基本的に「共済」は対象外とされていましたが、新しい保険法は保険契約と同等の内容を有する「共済」にも適用されることとなります。適用対象契約の見直しにより法律上の基本的な契約ルールが同じになります。

(2) 保険契約者(消費者)保護の実現として、保険給付の履行期(保険金の支払い時期)の規定が新設されました。これにより、適切な保険金支払いのために不可欠な調査に要する時間的猶予は保険会社に認められていますが、その調査に必要な合理的な期間が経過した後は保険会社は遅滞の責任を負うことになります。

（3）片面的強行規定の規律の新設 ─ 「片面的強行規定」は、契約者・被保険者に有利な内容であれば保険法の条文に反する内容でも約款は無効とならないが、保険契約者保護の立場から、保険法の規定よりも保険契約者、被保険者、保険受取人に不利な内容の約款の定めは無効とする ─ との「保険法」が平成20年から改正されました。

任意自動車保険においては、当時の東京海上から発売された新型自動車保険であるＴＡＰに組み入れられた人身傷害補償条項があります。

人身傷害補償条項は、自動車事故で被った損害について実際に被保険者が支払った分をそっくりそのまま支払ってくれる保険（いわゆる実損填補型の保険）として開発されたものですが、損害額の算定基準を設けているため、基準に定められた損害額を上回ったときには基準以上の額が支払われないという契約内容です。

平成11年5月21日に日本医師会と東京海上は、人身傷害保険の約款にある「公的制度の利用等」の努力規定の取り扱いについて、公的保険の使用を強要するものではないとの確約をしています。

しかしながら、加害者が任意保険に加入している以上、原則特別法で自賠法適用が義務付けられています。「公的制度の利用等」の片面的強行規定のある約款は無効であることが保険法で規定されているにもかかわらず、許認可の権限を持つ監督庁である金融庁が「人身傷害保険の強行規定のある約款」を許諾し、販売許可を出しているのはなぜでしょうか？

また、被害者の健康保険使用によって、最近では日本医師会の労災・自賠責委員会のアンケート調査により、交通事故診療にもかかわらず、健康保険を使用して入院費支払いが行われているという調査結果により、健康保険制度の財源難の一因をなしていることが明らかとなっています。

現在の任意自動車保険においては、平成21年7月1日の金融庁通達により、特約からはずされ、すべての任意自動車保険に「人身傷害補償保険」を付保することが義務付けられています。「傷害の治療を受ける際には公的制度の利用等により、費用の軽減に努めること」との記載があるため、自賠責診療費算定基準を使用して治療に当たる医療機関において健保使用の問題が生じているのです。

被害者救済（消費者保護）のための強制保険である自賠責保険がないがしろにされ、第三者行為に起因する傷病であっても原則支給し続ける支払基金、保険者（県市町村）から行政事務委託された国保連は「第三者行為による傷病届け」の求償業務にかかる内部書類を改ざんして求償を停止する等、違法行政の組織的犯罪は現在も続いています。

営利目的の任意保険会社は全く法令遵守しないどころか、「片面的強行規定のある約款」を盾に被告に据えた被害者の反訴誘導に持ち込む手法で、被害者を裁判にかけて係争中を理由に一切支払いを拒否する「不払い」が横行しています。

弁護士も裁判官も誰も消費者保護のための「法改正」に沿った判断をしていないことが問題です。

加害者らを免責させる違法行政

自賠責も任意保険も財政運営は任意保険会社がコントロールしています。被害者は症状があるというのに、加害者側の任意保険会社からの医療費の支払いが打ち切られるケースは珍しいことではありません。打ち切られたとしても症状があれば当然、公的医療保険で診ることになります。

ケガの場合、医療費の他に慰謝料や休業補償を合わせて自賠責の範囲（上限120万円）を超えると途端に医療費の支払いを打ち切るべく、法的手段で交渉に持ち込んできます。

また次の事例もあります。病院が被害者の健康保険使用を取り下げることができない自賠責扱いに戻すことをできなくするため、また、損保担当者は契約関係のない被害者に不払い対応とするために加害者に（白紙の委任状にサインさせて）代理人弁護士を委任させます。

そして、窓口を全て弁護士対応にして放置するのです。任意保険会社は何もしないで、ただただ時間を稼いで「債務不存在確認請求事件」として加害者名で民事裁判に持ち込むのです。

どちらも不当に利益を不正に得ることであり、債務を違法に踏み倒す、つまり不当利得詐欺です。本来負担すべき治療費を打ち切ったことにより、結果として自動車事故被害者の医療費を国民健康保険の財源でまかなうことになっているケースが存在することは明らかです。

指定公費負担医療に関する取り扱いの見直しがなされ、第三者行為に起因する傷病については、原則、指定公費負担医療の支給対象外とする旨を規定しました。

第三者直接求償とは、任意の自動車保険等の損害保険に未加入等のため、第三者（加害者）本人及びその家族等の連帯債務者に対し、保険者らが保険給付の価額を限度に損害賠償金の請求を行うことを言い、自動車事故や自転車事故、犬咬傷、食中毒、闘争等による傷害等の傷害事故が主な対象となります。

第三者直接求償が損害保険未加入者について限定されているものでありながら、「第三者の加入する損害保険会社等に直接、指定公費負担医療相当額の損害賠償請求を行う」とは矛盾が生じ、つまり、不当利得返還請求（不当利得の清算）ができないしくみを被保険者である国民に強要し、厚生労働省保険局が指定公費負担医療に関する取り扱いを保険者に押し付けています。

しかも任意保険加入者にも、第三者行為に起因する傷病であっても原則支給していました。

そのため、任意保険会社はこの第三者行為求償事務制度を悪用して（交通事故で公的保険が使えるとして）、被害者の主治医に診療費打ち切りを通告して健康保険に切替させるなど損保犯罪が横行する結果となっています。

この行為は間接的に賠償責任を負う加害者を免責させることを意味します。これが、任意保険会社の顧客保護の実態です。

終わりの始まり「まさかの二度目の追突事故」

平成26年11月7日、第一事故（平成23年9月5日追突被害）の自賠責保険後遺障害等級認定の被害者請求の結果、7級の4号が認定されていました。私は翌月29日、母の誕生日のお祝いとともに等級認定容認で一段落の年末を過ごすつもりで東京駅から新幹線に乗車中、先に実家に着いていた息子から電話が入ってきました。

「おばあさんが追突事故に遭ったから直接病院へ向かって欲しい」との連絡。一息つく間もなく（事故対応を余儀なくさせられる）損保との闘いの始まりでした。

やっと前の事故が終わって新しい年が迎えられると思った矢先の全損事故。加害者は実家に謝罪に訪れました。私は直ちに検察庁へ加害者の罪状軽減を求めることを約束し、当事者間の示談を約束しました。第一事故と同様にまた加害者から訴えを起こされる危険を回避するためでした。この時から加害者との協同関係が生まれました。加害者が被害者のために請求するという本来あるべき請求権の行使です。

翌年の平成27年1月中旬の退院時に加害者側の損保担当者が交渉に来ました。「お母さんの健康保険を使って支払いをしてくれないか」という申出でした。今度は最初から健康保険で療養費を使うということで差額を全部支払えるからということでした。

「また不正を働かせようとしている」、この事実関係は衝撃的でした。当然のように不正を持ちかける担当者は決して悪人とは言えないような青年だったからです。多分優秀な成績で入社したのだと思います。検察庁へ加害者と同行をする約束をした前夜にいきなり、加害者の代理人と称する弁護士事務所から電話がありました。交渉窓口は全て弁護士が対応するということでした。

私は翌週の月曜日に加害者と検察庁に行くことになっていたことから弁護士の言うことが信じられず、委任状はあるのか確認したところ、委任状と事務連絡がファックスで送られてきました。驚いたことに加害者は担当者から委任状を編し取られていたのです。私は直ぐ加害者に連絡を取り、委任を断るよう伝えました。多分、前回の交通事故対応もこのように加害者から示談代行サービスを装って委任状をだまし取る手口で、被害者を裁判にかける目論見だったことが想像できました。今回も「そんぽＡＤＲセンター」に苦情相談をしました。このころから加害者は（契約者宛てに届いた）郵便物を全部私に渡してくれていました。

内容を見ると、代理人委任をすれば今まで立て替えた分を支払い、委任を断れば調停にかけるという脅迫でした。

今、改めて思い起こせば私は「裁判外紛争解決センターである指定金融ADR」にこの事も全部相談していたのです。予告どおり、加害者加入任意保険会社から加害者と被害者は簡易裁判所での調停に呼び出されてしまいました。示談代行サービスが義務であるのにおかしいのではないか、また加害者と被害者家族である私は、「そんぽADRセンター」にそれぞれ相談をしても全く任意保険会社に交渉や指導を行うこともなく、係争中を理由に紛争解決相談は打ち切られてしまいました。（まさか「そんぽADRセンター」の代表理事が損保ジャパン代表取締役の西澤敬二とは加害者と被害者は知る由もありません）。

訴状審査をしない静岡地方裁判所浜松支部

被保険者である加害者の委任状をとりつけることができない代理人弁護士らは、とうとう被害者と被害者の長女である私に対して債務不存在確認請求事件を訴えてきました。その間、私は賠償責任を負う加害者に「支払い督促状」を送り続け、加害者は異議申し立てを行なわずに受諾し続けました。そして損害賠償責任を負う加害者が任意保険会社に請求し続けました。結局、加害者に対しても係争中を理由に全損車両の賠償金も支払わず、無制限の保険契約が履行されないことに気づいた加害者は、保険者である任意保険会社を相手取り、「債務不履行事件」を東京地方裁判所に提訴しました。

ところが被告となった任意保険会社は、浜松での先行係争中を理由に移送を申立て、おかしな裁判が並行して行われるになりました。加害者は特約で弁護士保険に加入していながら、弁護士を自分で選任できないのでは意味がないことから本人訴訟で請求するなど本末転倒です。被害者と加害者の示談は、任意保険会社にとって許されないことだと初めから分かっていれば誰も保険契約はしないと思います。また、加害者が任意保険に非加入であれば、被害者請求で自賠責保険から賠償金が支払われるのです。

ところで、被害者である母の訴状委任状（現損保ジャパン取締役会長二宮雅也）はありましたが、私を被告とする委任状がありませんでした。委任状の委任事項欄には通常、反訴の提起・訴えの取下・和解・控訴・上告といった特別委任事項（民事訴訟法55条2項参照）も記載されています。依頼した弁護士が、依頼者の同意なく無断でこれらの行為をすることは禁止されています（弁護士職務基本規定22条1項参照）。

訴状の正本を提出するにあたり、これに添付すべき書類（付属書類）としては

①訴状の副本（被告に送達するためのもの。民事訴訟規則58条1項参照）

②書証（甲号証）の写し（裁判所用および被告用。民事訴訟規則55状２項）

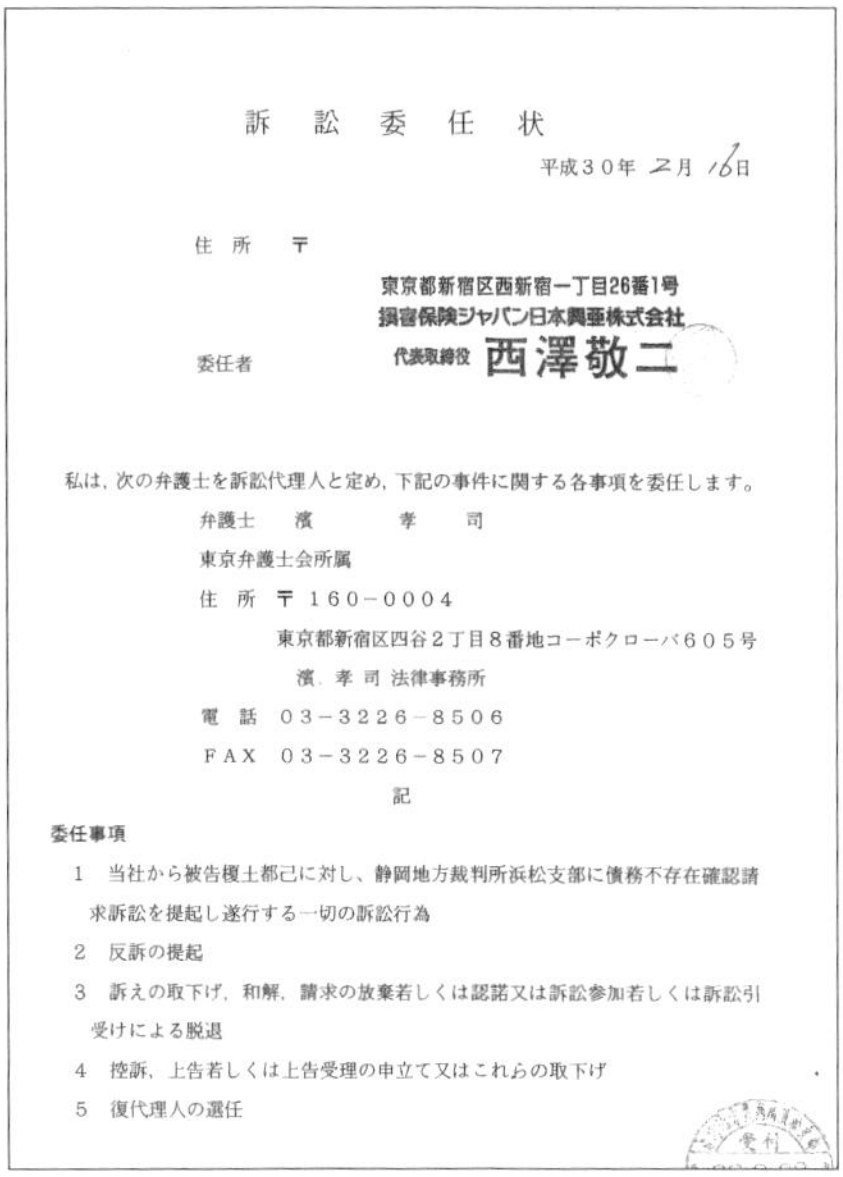

訴　訟　委　任　状

平成３０年 2月 16日

住　所　〒

東京都新宿区西新宿一丁目26番1号
損害保険ジャパン日本興亜株式会社
委任者　代表取締役 西澤敬二

私は，次の弁護士を訴訟代理人と定め，下記の事件に関する各事項を委任します。

弁護士　濱　孝　司
東京弁護士会所属
住　所　〒１６０－０００４
東京都新宿区四谷２丁目８番地コーポクローバ６０５号
濱　孝 司 法律事務所
電　話　０３－３２２６－８５０６
ＦＡＸ　０３－３２２６－８５０７

記

委任事項

1　当社から被告榎土都己に対し、静岡地方裁判所浜松支部に債務不存在確認請求訴訟を提起し遂行する一切の訴訟行為
2　反訴の提起
3　訴えの取下げ，和解，請求の放棄若しくは認諾又は訴訟参加若しくは訴訟引受けによる脱退
4　控訴，上告若しくは上告受理の申立て又はこれらの取下げ
5　復代理人の選任

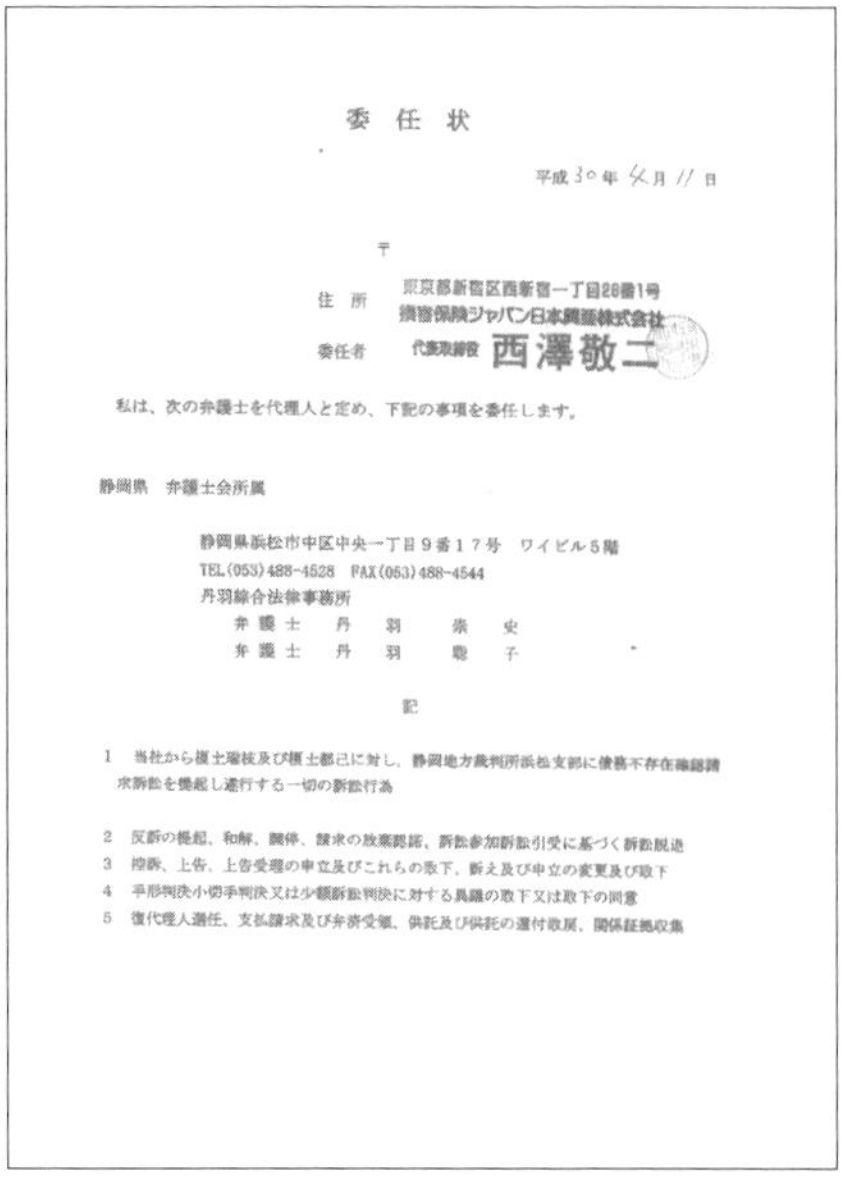

委 任 状

平成30年 4月 11 日

〒
住　所　東京都新宿区西新宿一丁目26番1号
損害保険ジャパン日本興亜株式会社
委任者　代表取締役 西澤敬二

私は、次の弁護士を代理人と定め、下記の事項を委任します。

静岡県　弁護士会所属

静岡県浜松市中区中央一丁目９番１７号　ワイビル５階
TEL(053)488-4528　FAX(053)488-4544
丹羽綜合法律事務所
弁護士　丹　羽　泰　史
弁護士　丹　羽　聡　子

記

1　当社から榎土瑞枝及び榎土都己に対し、静岡地方裁判所浜松支部に債務不存在確認請求訴訟を提起し遂行する一切の訴訟行為
2　反訴の提起、和解、調停、請求の放棄認諾、訴訟参加訴訟引受に基づく訴訟脱退
3　控訴、上告、上告受理の申立及びこれらの取下、訴え及び申立の変更及び取下
4　手形判決小切手判決又は少額訴訟判決に対する異議の取下又は取下の同意
5　復代理人選任、支払請求及び弁済受領、供託及び供託の還付取戻、関係証拠収集

▲裁判制度を悪用して（加害者抜きで）」恫喝訴訟（平成 28 年（ワ）第 127 号）で嫌がらせを続ける損保ジャパン代表取締役社長・西澤敬二（日本損害保険協会＝そんぽ ADR センターの役員）

③訴訟委任状（民事訴訟規則23条1項参照）
④原被告が法人である場合の資格証明書
などがあります。

　私を被告とする訴訟代理権の証明なしで訴訟行為を行う加害者加入任意保険代理人弁護士と訴状審査をしない裁判所。加害者側の代理人弁護士による忖度で、委任状なしで裁判が始まりました。でたらめな裁判が今もなお静岡地方裁判所浜松支部で続いています。（平成28年（ワ）第127号債務不存在確認請求事件）

　その後、なりすまし弁護士らに私の訴訟代理権の証明する委任状を求めたところ、損保ジャパン代表取締役社長西澤敬二が委任をしていることが判明しました。西澤敬二の名はどこかで見

た覚えがあります。

そうです、指定紛争解決機関「そんぽＡＤＲセンター」の代表理事だったのです！　これが一般社団法人日本損害保険協会の正体です。このように紛争業務を行うものとして欠格要件のある輩が指定金融ＡＤＲであるなど金融庁の不正の黙認は監督庁として許されるものではありません。

静岡地方裁判所浜松支部の嫌がらせ

平成29年（ワ）第１９５号損害賠償請求事件（原告・被害者　被告・加害者と損保ジャパン）の被害者の訴訟提起により、加害者に対する判決が荒井格裁判官から下され、加害者（任意保険会社）への賠償責任が確定しています。

そこで、被告の損保ジャパンの取り下げをしたにもかかわらず、未だ裁判取下げに応じず、被害者家族らを亡被害者訴訟継承人に居えて裁判継続の呼出状が送付されてくるのです。これが普通郵便と特別送達で、浜松の父と千葉に住む弟と東京の私に3人×２通、平成28年（ワ）第１２７号事件と一緒に計12通を一方的に送り続ける裁判所の仕業は、公権力の濫用に他ならず、脅迫行為であることに間違いありません。

裁判所を退官後に弁護士となる荒井裁判官は、損保会社を敵に回すことができないために

127号事件（加害者加入任意保険会社の被害者を訴える債務不存在確認請求事件）を却下するでもなく195号事件（損害賠償請求事件）を結審するでもなく、裁判所を悪用する任意保険会社の恫喝を助長しています。

●平成28年（ワ）第127号事件　●平成29年（ワ）第195号事件
頭書の事件について、下記書類を、本日、あなたに宛てて書留郵便で送付しましたので通知します。仮に、あなたがこの書類を受領されない場合でも、民事訴訟法107条3項により、本日あなたに対して下記書類が送達されたものとみなされ、手続きが進行し、不利益を受けることがありますので、必ずお受け取りください。

記

書類の名称　期日呼出状（令和元年12月13日（金）午前10時00分）

一般社団法人 日本損害保険協会の正体

当初、金融ADRである「そんぽADRセンター」へ加害者加入任意保険会社とのトラブルについて裁判外紛争解決のために相談をしていました。「金融トラブル、費用をかけずに早期解決！　金融ＡＤＲをご利用ください」とのうたい文句で国の制度として創設された「金融ＡＤＲ」。そもそも裁判以外の方法で解決を図る制度のことですと説明されていました。

また、「そんぽＡＤＲセンターは金融ＡＤＲ制度に基づく損害保険専門の指定紛争解決機関（金融ＡＤＲ機関）です」とも紹介されています。

ところが、「そんぽＡＤＲセンター」が取り扱う苦情や紛争の範囲は、当協会（日本損害保険協会）との間で指定紛争解決機関に関する手続実施基本契約を締結した損害保険会社に関連するものに限られています。

国の制度として創設されたにもかかわらず、基本契約を締結した損害保険会社関連のみ限定とは、「双方の加入任意保険に当事者双方の話を聞きながら、時間や費用をかけずに、中立・公正な立場で紛争解決を図ります」というのも非現実的です。

そして「そんぽＡＤＲセンターは、金融庁からの指定を受けた中立・公正なＡＤＲ機関です」とも書かれています。

特徴として事業者＝金融機関に対してのみ義務を課しています。

・手続を応諾する義務（手続応諾義務）
・事情説明・資料提出の要請に応じる義務（資料提出義務）
・和解案を尊重する義務

これらを無視していたのは、日本損害保険協会代表理事西澤敬二（損保ジャパン代表取締役）であり、理事の北沢利文（東京海上代表取締役）です。

皮肉なことに、「そんぽＡＤＲセンター」に相談をすると加害者加入任意保険会社から訴えを起こされるなど、母親の二度の追突事故の加害者らは違法行政から免責されています。理由は、国民健康保険の使用を強要され、療養費等カルテ改ざんの不正請求によるレセプト詐欺に加担させられたことによるものです。

「そんぽＡＤＲセンター」から第三者行為の傷病届出を出すよう指導されたことで、不当に国保連から求償停止されていたまま不当利得の精算ができていない状態について放置されています。未だ未解決状態のまま被害者は病死、訴えを遺族が相続し紛争解決の見込みはありません。

「指定紛争解決機関向けの総合的な監督指針」を金融庁総務企画局が出しています。

指定解決機関の監督に関する基本的考え方によれば、

―指定機関は、迅速な苦情の解決を図るため、苦情処理手続に係る交渉経緯や進捗状況等を適時・的確に把握し、利用者からの求めや交渉の状況に応じて適切な措置を講ずることにより、利用者と業者との間の自主的な解決を促すことが求められる―（金商法第１５６条の49）

法令等違反の発覚の第一報で、任意保険会社の一方的な主治医への療養費打切りは、契約関係のない被害者への越権行為であり、刑罰法令に抵触しているおそれのある事実については、警察等関係機関へ通報しなければなりません。

金融ＡＤＲ制度は、利用者保護の観点から構築されたものであることから、指定機関においては、紛争解決等業務の運営にあたり、中立性・公正性を確保し、利用者の手続に関する納得感、信頼感を得られるよう努めることが肝心であり、これらを把握し紛争解決等業務の改善につなげる取り組みが求められます。

一般社団法人日本損保協会の【手続実施基本契約不履行の事実の公表等揉み消し】

繰り返しになりますが、一般社団法人日本損保協会は平成22年9月15日、金融庁から保険業法（平成7年法律第１０５号）第３０８条の2第1項等の規定に基づき、紛争解決業務を行うものとして指定を受けています。

一般社団法人日本損保協会は、指定紛争解決機関でありながら【そんぽＡＤＲセンター「紛争解決手続」ご利用の手引き】の重要事項の中で、応諾義務を履す打ち消し表示をただし書きとして付け加えています。

—紛争解決委員から提示される「特別調停案」は、保険会社に原則として受諾義務がある和解案です。ただし、保険会社は、民事訴訟を提起することで受諾を拒否できます。その場合は、裁判所での争いとなります—

このように不当表示があるがために、手続実施基本契約の不履行の事実の公表等揉み消しが図られました。本件加害者損保会社（東京海上日動火災株式会社代表取締役、損害保険ジャパン日本興亜株式会社代表取締役）らが構成する　一般社団法人日本損保協会理事の業務規定には２３条2項7号33条1項7号により紛争解決手続を実施しない場合の終了が規定されており、加害者、加害者加入任意保険会社からの訴訟提起による受諾拒否を合法化させてしまいました。

結果、被害者ら家族は損害賠償請求権を阻害され続けています。一般社団法人日本損保協会は、債務不履行責任を公表するための指定機関ＡＤＲ制度を悪用し不当利得を派生させる背任行為は、消費者にとっても優良誤認させる悪徳商法を司る組織的犯罪といえます。

一般社団法人日本損保協会は、手続実施基本契約違反により東京海上日動火災株式会社、損害保険ジャパン日本興亜株式会社の債務不履行の事実を公表し、内閣総理大臣に報告すべきです。

被害者らは何度も金融庁に苦情相談をしていましたが、全く実行性有効性のある回答指導は得られず、「そんぽＡＤＲセンター」の犯罪行為に対して看過しています。

金商法第１５６条の39第1項第６号においては紛争解決等業務を行うものとしての指定の要件として、「役員または職員の構成が紛争解決の公正な実施に支障を及ぼすおそれがないものであること」が規定されています。

「役員又は職員の公正」については、以下の点に留意するとあります。

―紛争解決等業務の中立性を確保するため、同業務に従事する役職員の構成・配置が、例えば特定の金融機関に従事した経験を有するものに偏っていないなど適切なものになっているか―

一般社団法人日本損保協会の役員は、殆どの役員理事が保険会社の代表取締役役員が占めており、中立公正には程遠く、被害者を訴え係争中を理由に不払いを続けています。このように紛争業務を行うものとしての要件を満たさない輩が指定金融ＡＤＲであるなど、金融庁の不正の黙認は監督庁として許されるものではありません。

【金融ＡＤＲ法（保険業法）】

金融ＡＤＲ法（保険業法）では指定損害保険業務紛争解決機関との契約締結義務があり、**（第百五条の三）** 指定損害保険業務紛争解決機関の指定損害保険業務紛争解決機関との間で損害保険業務に係る手続実施基本契約を締結する措置を講じなければなりません。

第三百八条の七（業務規定）指定紛争解決機関は、手続実施基本契約の内容、締結事項に関する業務規定を定めなければならない。

紛争解決等業務の実施に必要な事項として内閣府令で定めるもの、手続実施基本契約は、次に掲げる事項を内容とするものでなければならない。

一 指定紛争解決機関は、加入保険業関係業者の顧客からの保険業務等関連苦情の解決の申立て又は当事者からの紛争解決手続きの申立てに基づき苦情処理手続又は紛争解決手続を開始すること。

二 指定紛争解決機関又は紛争解決委員会は、苦情処理手続を開始し、又は加入保険業関係業者の顧客からの申立てに基づき紛争解決手続を開始した場合において、加入保険業関係業者にこれらの手続きに応じるよう求めることができ、当該加入保険業関係業者は、その求めがあったときは、正当な理由がないのに、これを拒んではならないこと。

三　指定紛争解決機関又は紛争解決委員会は、苦情処理手続又は紛争解決手続において、加入保険業関係業者に対して、報告又は帳簿書類その他の物件の提出を求めることができ、当該加入保険業関係業者は、その求めがあったときは、正当な理由がないのに、これを拒んではならないこと。

四　紛争解決委員会は、紛争解決手続において、保険業務等関連紛争の解決に必要な和解案を作成し、当事者に対し、その受諾を勧告することができること。

五　紛争解決委員会は、紛争解決手続において、前号の和解案の受諾の勧告によっては当事者間に和解が成立する見込みがない場合において、事案の性質、当事者の意向、当事者の手続追行の状況その他の事情に照らして相当であると認めるときは、保険業務等関連紛争の解決のために必要な特別調停案を作成し、理由を付して当事者に提示することができること。

六　加入保険業関係業者は、訴訟が係属している請求を目的とする紛争解決手続が開始された場合には、当該訴訟が係属している旨、当該訴訟における請求の理由及び当該訴訟の程度を指定紛争解決機関に報告しなければならないこと。

七　加入保険業関係業者は、紛争解決手続の目的となった請求に係る訴訟が提起された場合には、当該訴訟が提起された旨及び当該訴訟における請求の理由を指定紛争解決機関に報告しなければならないこと。

八　前二号に規定する場合のほか、加入保険業関係業者は紛争解決手続の目的となった請求に係る訴訟に関し、当該訴訟の程度その他の事項の報告を求められた場合には、当該事項を指定紛争解決機関に報告しなければならないこと。

九　加入保険業関係業者は、第六号若しくは第七号の訴訟が裁判所に係属しなくなった場合又はその訴訟について裁判が確定した場合には、その旨及びその内容を指定紛争解決機関に報告しなければならないこと。

十　加入保険業関係業者は、その顧客に対し指定紛争解決機関による紛争解決等業務の実施について周知するため、必要な情報の提供その他の措置を講じなければならないこと。

第三百八条の八

指定紛争解決機関は、手続実施基本契約により加入保険業関係業者が負担する義務の不履行が生じた場合において、当該加入保険業関係業者の意見を聴取し、当該不履行につき正当な理由がないと認めるときは、遅滞なく、当該加入保険業関係業者の商号、名称又は氏名及び当該不履行の事実を公表するとともに、内閣総理大臣に報告しなければならない。

2　指定紛争解決機関は、保険業務関連苦情及び保険業務等関連紛争を未然に防止し、並びに保険業務関連苦情の処理及び保険業務等関連紛争の解決を促進するため、加入保険業関係業者その他の者に足し、情報の提供、相談その他の援助を行うよう努めなければならない。

第五章

厚生労働省の天下り先
社会保険診療報酬支払基金

公益財団法人 国民健康保険中央会の問題点

「国民健康保険中央会」は、支払基金法による民間の一定の事務・事業について公共上の見地から、これを確実に実施する法人として、国民健康保険連合会（以下、国保連）を会員として組織されている公益社団法人です。国民健康保険法（昭和33年法律第１９２号）第45号第6項に規定する厚生労働大臣が指定する法人として指定されています。

いわゆる行政委託型公益法人です。問題は、特定の公益法人を存続させるために、国民の側から見れば必ずしも必要とは考えられない事務・事業を創設して、委託した行政代行的事務・事業を担っていることを理由に公務員の再就職先として必要以上に利用されていることです。

元愛知県津島市長伊藤文朗は、公益社団法人国民健康保険中央会監事を（平成26年6月27日就任、平成28年6月30日退任）務め、平成28年12月19日支払基金代表理事に就任しています。

そして、「国民健康保険中央会」は、国が公益法人に対して交付する補助金等の交付を受けた事業のほとんどを他の第三者に再補助、再委託し、当該法人は実質的に事業を行っていません。

国民健康保険法は（昭和33年法律第１９２号）第45条に基づき、厚生労働大臣の指定を受けた法人は、国保連からの委託を受け、診療報酬請求書の審査に関する事務のうち厚生労働大臣の定める診療報酬請求書の審査（診療報酬の特別審査）を行うことができるとされています。また、一般財団法人または一般財団法人であれば、一定の基準を満たすことにより、指定を受けることができます。なお、「指定を受けた場合においても、診療報酬の特別審査を実施する場合には、国保連から当該事務の実施について委託を受ける必要があります」としています。国民健康保険中央会の主な業務、高額レセプト（医科の場合４００万円以上）の特別審査まで業務委託されていたのです。

地方公共団体は、「その事務を処理するにあたっては、住民の福祉の増進に努めるとともに最小の経費で最大の効果を挙げるようにしなければならない」とされています（地方自治法）。国から地方自治体に対して、事業者の行政手続きコストの削減への理解と協力を依頼し、あわせて行政手続きの簡素化・オンライン化に積極的に取り組む自治体を目指すために、不要な「診療報酬審査機関」である支払基金や国保連の業務委託の廃止を求めていきます。

特別民間法人 社会保険診療報酬支払基金の現状と課題

「暴力団の新たなシノギ」として不正請求が常識化している療養費や診療報酬の現状を目の当たりにした警視庁捜査幹部は「審査の抜本的な強化が必要だ」と訴えていますが、組織的詐欺が横行しているのは暴力団ばかりではありません。

審査機関である特別民間法人「社会保険診療報酬支払基金（以下、支払基金）」は、いわゆる「政府関係法人」と呼ばれる法人群の中に入ります。特別民間法人は補助金や委託費などの形での国からの財政支出や所管府省出身の国家公務員出身者の役員就任などが行われている法人が多く見られる実態があります。

特別民間法人とは、民間の一定の事務・事業について公共上の見地からこれを確実に実施する法人を少なくとも一つ確保することを目的とされた民間法人です。正式には、「特別の法律により設立される民間法人」といいます（確実に実施する法人＝公益社団法人国民健康保険中央会）。

社会保険診療報酬支払基金法（以下、支払基金法）は、日本の公的医療保険における診療報酬の支払い手続等について定めた法律です。１９４８年7月10日に交付されました。

支払基金法（昭和23年法律第１２９号）においては、支払基金は47都道府県すべてに支部及び審査委員会を設置すること、診療報酬に係る業務に要する費用は取り扱うレセプトの数を基準として保険者に負担させることなどが定められています。法人名から公務員、特殊法人と思われるかもしれませんが民間法人と位置づけられ、公的機関ではありません。

支払基金が行う審査支払業務は、事務費手数料のみで賄われており、負担をしているのは保険者です（保険者＝全国保険協会や中央官庁、都道府県、市町村などの共済組合及び会社、工場などの健康保険組合）。

主な会員（保険者）が市町村であるため、国民健康保険関係業務（国民健康保険法第83条）、審査支払（国民健康保険法第45条・診療報酬［医科歯科］調剤報酬・療養費の審査支払・第三者行為求償）、後期高齢者医療関係業務（高齢者の医療の確保に関する法律第155条・診療報酬［医科歯科］調剤報酬・療養費の審査支払・第三者行為求償）、介護保険関係業務（介護保険法第176条介護給付費審査支払、第三者行為求償）、特定健診・特定保健指導、障害者総合支援等市町村に関連する業務で可能なものは国民健康保険組合と共同して実施し、効率化を図っています。

また、保険料の特別徴収に係る経由業務、「国保＋介護・後期＋介護（いわゆる年金天引き）」も業務委託されています。

支払基金と後期高齢者医療制度の関わりで言えば、「後期高齢者支援金」とは後期高齢者医療制度の財源のうち、国民健康保険や健康保険組合など現役世代の医療保険から拠出される支援金で財源の4割を占めます。

その他の財源は公費（一般税収）が約5割、後期高齢者の保険料（本人負担）が約1割となっています。公費の内訳は（国：都道府県：市町村＝4：1：1）で、各医療保険者（健康保険組合、全国保険協会、市町村等）が後期高齢者支援金・後期高齢者関係事務費拠出金を支払基金に納付し、基金は後期高齢者交付金を広域連合に交付するように設定されています（第100条、算定政令第11条の2）。

支援金は、政府管掌健康保険・共済組合健康保険・国民健康保険、その他健康保険であり、これらは、国の重要な福祉政策の根幹をなす国民皆保険制度を支えるもので、健康保険法によって運営が規制されるとともに多額の国費が投入されています。

現在も保険給付と同様に、第三者行為の結果傷病であっても、指定公費負担医療の支給を行っていますが、一部の損害保険会社においては、請求に係る法的根拠が不十分であるとして、指定公費負担医療相当額に係る保険者からの損害賠償請求（第三者直接求償）に応じられないケースが増大しました。

この法的根拠の不備が不当利得の清算ができない理由であり、任意保険加入者までもが交通事故でも公的保険が使えるなどという「都市伝説」がまことしやかに被保険者である国民の間で認識（常識化＝合法化）されていることが問題です。

支払基金においては、レセプトの電子化がほぼ完了し、ＩＣＴを活用した診療報酬の自動化やオンライン化が可能になっているにもかかわらず、紙レセプト時代と同様に47全都道府県に支部を置き、人手による非効率な業務運営が継続していると指摘されています。

この原因の一つとして支払基金のＩＣＴに関する知見不足や経営のガバナンス不全などが指摘されており、公的医療保険の費用の適切かつ円滑な審査・支払いを担う機関としての資質不足が懸念されてもいます。

この審査・支払いに関する業務は健康保険組合や協会健保などの保険者から委託されてい

るものですが、現在、競争原理が働いておらず、実質的な業務独占に近い状態にあります。このため、支払基金自身の自助努力による効率化には限界があるとの指摘もあり、過去数度にあたり、自己改革の機会が与えられてきたにもかかわらず、抜本的な構造改善には至っていないと評価されていました（規制改革に関する第４次答申〜終わりなき挑戦〜平成28年５月19日・10Ｐより抜粋）。

現在の支払基金は47都道府県すべてに支部を設置し、各支部で審査が完結することを前提にシステムや職員、審査委員会、物理的な支部施設等を配置していますが、レセプトの電子化の完了によりオンラインでの審査が可能であることから、審査業務の見直しや支部機能の集約等により、抜本的な合理化・効率化を図るべきであるとの指摘もあります。

また、平成27年の同法改正により業務の範囲が拡大されたとはいえ、支払基金が実際に行っている業務は診療報酬の審査・支払等の業務に限定されており、これらが支払基金の自助努力による効率化や保険者に求めるサービス提供の阻害要因になっているとの指摘もされています（規制改革に関する第４次答申〜終わりなき挑戦〜平成28年5月19日・11Ｐより抜粋）。

支払基金設置は、当初の目的を既に達成していたり、時代の変化により意義が失われたりしていると考えられる事務・事業について十分な見直しが行われず、国民や事業者に不要な負担を課していることから廃止されるべきです。

国民健康保険連合会が加害者を免責させてきた実例

厚生労働省の通達によって第三者行為による傷病についても指定公費負担医療の対象としてきたことにより行政は、違法行為を国民に強いていることに気がつきません。

本来、自動車事故の加害者が任意保険に加入の場合、第三者行為に起因する費用は公費で負担すべきではありません。第三者が任意保険加入の場合にも被害者の健康保険を使わせていたことに問題があります。

そもそも「任意保険未加入者」に対する求償ですから、第三者行為に対する代位取得を国民健康保険連合会（以下、国保連）はできません。なぜならば、保険者らにおける債権管理であって債権保全のための時効中断や債権回収のための債務名義の取得・強制執行等の法的手続きを必要とする場合には、その行使を国保連に委任できないことに鑑み、適正に権限を行使して債権の保全回収を行うことになっているからです。

国保連は、最終的な責任主体である保険者等に対し第三者直接求償事務の実施状況に係る情報の共有を図るとともに、標準的な事務マニュアルの活用や研修を通じて、保険者らが行う私債権に係る債務名義の取得や強制執行手続きなど、債権管理手法の習熟に資する情報の提供等を行うことになっています。

ところが、金融ＡＤＲ（そんぽＡＤＲセンター）からの指導で、「第三者行為求償の手続書類提出」をした結果、審査機関である国保連が求償停止の理由を捏造して改ざんした報告書を保険者（後期高齢者広域連合・浜松市）に提出していました。保険者自体、当然のこととして事務処理を受けており、任意保険加入者の事務処理を通常受けること自体が違法な財務管理であることに未だに気がついていません。

おかげで被害者は被害者自身の国民健康保険で療養費を支払わされ、時効を迎えて加害者らは免責されているのです。

加害者加入の東京海上も損害保険ジャパンも被害者の療養費も支払わず（無効な片面的強行規定のある約款を振りかざし）、被害者を裁判にかけて債務不存在確認請求事件の被告に据え、裁判所も手続き違反を軽く見て違法な行政によって国民の権利利益が侵害されていることもおかまいなしに被害者に不利な判決を下しています。

国民は厚労省の都合のいい省令通知にふりまわされています。

【改正を求める法令（厚生労働省令）】

健康保険法第76条5項

保険者は、４項の規定による審査及び支払に関する事務を社会保険診療報酬支払基金法（昭和23

年法律第１２９号）による支払基金（第88条第11項において単に「基金」という）又は国民健康保険法第45条第5項に規定する国民健康保険団体連合会（第88条第11項において「国保連合会」という。）に委託することができる。

私たちは、損害保険会社がそうした形で消えていく健康保険料を自らの利益へと変えている「不条理」を経験しました。

不条理を不条理のまま放置しないためにできること、それを社会に訴えかけ、さらに大きな声へと成長させること、それが本書を執筆する一番の動機でした。私たちの暮らす社会が少しでもよくなるようにすること、私たちが味わった苦しみを経験する人が二度と現れないように行動すること、それらが何より大切なことなのだと信じています。

そして幸いなことに、私たちは孤独ではありませんでした。まだまだ声は小さくても、問題意識を持っている方々は私たちの他にもたしかに存在していました。ここでは、そのような動きのいくつかを紹介させていただき、改めて声を上げるべき理由について考えていきたいと思います。まずは健康保険をめぐる不条理からアプローチを始めます。

健康保険料は「公金」に当たります。公金であるからこそ、取り扱いの厳格さが求められるわけです。一方、この国では、政治家による不正な経費の流用などといった公金をめぐる不正の問題が後を絶ちません。そのような点に強い問題意識を持った日本弁護士連合会が、平成17年にひとつの大きな声を上げました。それが「公金検査請求訴訟制度の提言」（次々ページ参照）と呼ばれるものです。

この提言のなかでは、主に次のようなことが述べられています。

①地方自治法では、地方公共団体が行う財務行為の違法性をチェックし、それが認められる場合には、損害を回復するための手段として「住民訴訟」の提起が認められている。

②この仕組みは、公共事業における談合、官官接待、不正裏金、不正補助金、不正手当などの多くの事案で奏功し、実際に地方公共団体の行政における財務行為の在り方が是正、改革されてきた。

③しかしながら、より多くの公金を扱う国については、違法な財務行為が明らかになったとしても、それを国民が正す訴訟制度は認められていない。これは明らかに正義に反する事態であるといえる。

④国における財務行為の適法性を確保することは、国民にとってもきわめて重要な問題であり、法治主義・財政民主主義の観点から、さらには司法による行政の適法性確保の観点から、国民訴訟制度が必要と考える。

まったくそのとおりだと思います。今から十数年前に出された提言ですが、まったく今日性を失っていません。国民健康保険料の取り扱いについて、具体的には本書ではわずかに触れたにすぎませんがレセプト審査をめぐる問題、そして医療費の求償の問題について、このような仕組みがあればどんなによかっただろうかと思います。

この提言では、訴訟に先立って、会計検査院に対して監査請求を求めることができるとされています。請求主体はもちろん国民です。監査を行った結果、違法な財務行為があると判断される場合には、会計検査院は関係者に対して損害回復などの措置を勧告するものとされています。

そして、国民からの監査請求に対して会計検査院が勧告措置を取らない場合、あるいは、勧告措置が不十分なものであり納得できない場合には、国民は国等を「被告」として必要な措置を求める訴訟を提起できることになります。

「医療費の求償を適切に実施しないこと」、それは明らかに「違法な財務行為」に当たります。こうした制度を早急に確立し、会計検査院に対して必要な監査を求め、そしてしっかりと勧告をしてもらうこと、それが不十分なものであれば、多くの人々が力を合わせて訴訟を提起すること、それが本当に実現できるのであれば、健康保険料をめぐる不条理にもひと筋の光が差すことになります。

しかし、提言からは十年以上の月日が流れているのも事実です。それを受け容れない現実、それが実現すると困る勢力がこの国のどこかに巣食っているのかもしれません。だとすれば非常に悲しいことです。

こうしている間にも、国保連は不適格な求償（停止）を繰り返し、みなさんの大切な資産が闇に葬り去られています。多額の健康保険料が、本来収まるべきではない場所へと流れ込

公金検査請求訴訟制度の提言

２００５年6月１６日
日本弁護士連合会

地方自治法においては、普通地方公共団体の住民が、その財務行為の違法性をチェックし、損害を回復する訴訟として、「住民訴訟」が認められている。

住民訴訟は、地方自治法に規定された客観訴訟であり、住民であれば、誰でも、普通地方公共団体における違法な財務行為について、その差止め、損害賠償請求・不当利得返還請求訴訟などを提起することができる。

公共事業談合、官官接待、不正裏金、不正補助金、不正手当など多くの事案で、住民の訴えに基づいて、裁判所が違法行為を認定し、その結果、普通地方公共団体の損害が回復、防止され、さらに普通地方公共団体の行政における財務行為のあり方が是正、改革されてきた。

ところが、普通地方公共団体以上に多額の税金が支出されている国については、違法な財務行為が明らかになっても、国民がこれを正す訴訟は認められておらず、そのため、たとえば、公共事業談合が発覚しても、国の損害は放置される事態となっている。このような事態は、普通地方公共団体と比べて明らかに正義に反するものである。国における財務行為の適法性の確保は国民にとってきわめて重要であり、法治主義、財政民主主義の観点から、そして司法による行政の適法性確保の必要性の観点から、当連合会では、司法制度改革推進本部の行政訴訟検討会（第４回）などにおいて、国レベルでの住民訴訟制度の創設を求めてきたところである。

今回、当連合会では、国レベルでの住民訴訟制度として、公金検査請求訴訟法案（国民訴訟法案）を提案するものである。

【制度概要】

住民監査請求、住民訴訟制度と基本的には同様の制度とし、住民監査請求は普通地方公共団体の監査委員に対して行うものであるが、国版の監査請求制度（「公金検査請求制度」）では、会計検査院に対して監査を請求するものとした。

すなわち、国民は、会計検査院に対し、国の財務行為について、これを特定し、その違法性、損害を指摘して検査を行うよう求めることができるものとし、会計検査院は、検査を行った結果、違法な財務行為があると判断した場合には、関係者に対し、損害回復等の必要な措置を勧告するものとする。

国民からの検査請求に対して、会計検査院が勧告措置を取らない場合、あるいはその勧告措置が十分なものではないとして納得できない場合には、国などを被告として必要な措置を取るよう請求する訴訟を提起することができる制度である。

■日弁連提言書
https://www.nichibenren.or.jp/library/ja/opinion/report/data/2005_41.pdf

んでいます。それを放置することは絶対に許されません。

このような制度を早期に実現し、厳しい国民の目をそのような暗部へ向けていくことができなければ、苦しい想いをする人が増えるばかりなのです。そのことをどうか、ここでご理解いただければと思います。

第六章

3つの覚書の効力（法的拘束力）はどうなっているのか

自賠責保険積立金繰り戻し問題

自賠責保険積立金未返還問題について、そもそも国交省から財務省への貸し付けがあったのは平成６～７年度の予算編成にさかのぼります。

旧大蔵省は赤字国債発行を抑えるため、旧運輸省の特別会計から自賠責保険の運用益計約1兆1千億円を、政策目的を限定しない一般会計に繰り入れました。

財務省は平成15年度までに、利子分を含めて約７千億円を返済したが、その後は景気悪化などで29年度まで返済が停止。国交省は再三にわたって返還を求めましたが、財務省は応じず、６、１００億円が未返済のままで、運用益の原資は自動車ユーザーが支払う自賠責保険料で専門要因の運営や在宅患者の介護料などに充てられています。

このため自賠責の被害者救済事業は、特別会計に残った運用益を毎年１００億円程度取り崩して継続されています。「このままでは十数年で運用益が底を突く可能性が高い」との不安が被害者家族に広がっていました。

【これまでの経緯】

○国土交通省では、自動車安全特別会計の積立金を財源として被害者保護増進事業等を実施

○平成６年度及び平成７年度に、自動車損害賠償責任再保険特別会計（現・自動車安全特別会計）

から一般会計に繰り入れた約1兆1、200億円について、これまでに6、921億円が繰り戻されたが、平成29年度末において6、169億円が繰り戻されていない

○法律や大臣間覚書に基づき、財務省及び国土交通省が毎年の繰戻しについて協議。現覚書で定められている期限は平成30年度

○大臣間覚書を更新し、返済期間を従来の7年から4年に短縮するとともに、「被害者等のニーズに応じて被害者保護増進事業等が安定的、継続的に将来にわたって実施されるよう十分に留意」等の文言を新たに追加

○平成30年度予算において、一般会計から自動車安全特別会計に23・2億円の繰戻しを実施。31年度は37億円の繰戻しにつなげた

○平成30年度予算において、被害者保護増進事業等を充実（療護施設や短期入所協力施設等の拡充、介護者なき後を見すえた自動車事故被害者の生活支援の充実等）（平成29年度126・6億円→平成30年度137・1億円）

○令和2年度の予算案編成に向け、麻生太郎財務相らに「自賠制度を考える会」が陳情活動を行う。返済期限通りに借りた金を返すのが当然のことであるが、財務大臣、国土交通大臣間の覚書に違法性がある

国土交通省自動車局は、財務省に対して貸付金の返済を求めることとしました。

国交相が返済を求めるのは元金に相当する繰入額4、848億円と利子相当額の1、

266億円の合計6、114億円。ただ、返済額を明示せず、「繰越し」という項目だけで財務省に要求しています。

両大臣間で取り交わした覚書の返済の最終期限が迫るたびに最終返済期限が書き換えられて、2000年以降17年間にわたって一円も返済されていません。いわば財務省が抱える隠れ借金は、あまりにも大きすぎて返済しようにもできない状況になっているのです。

この財務大臣、国土交通大臣間との覚書の最終返済期限の書き換えは、「違法な財務行為」に他なりません。「違法な財産上の行為」とは、次の各号に掲げる行為のいずれかに該当するものを言います。

一 違法な公金の支出
二 違法な財産の取得、管理又は処分
三 違法な契約の締結又は履行
四 違法な債務その他の義務の負担（当該行為がなされることが相当の確実さをもって予測される場合を含む）
五 違法な公金の賦課又は徴収
六 財産の管理を違法に怠る事実

国家公務員法の一般理論によれば、地方自治法での法律関係・判例を参照して国レベルの職員に対する賠償請求について、代位請求の根拠となる責任発生根拠法は、一般職員に関しては予算執行職員等の責任に関する法律（昭和25年法律第１７２号）第４条ということになります。この考え方だと、大臣などの長には、彼らが予算執行職員でないがゆえに繰戻請求も訴訟もできないということになります。

国交相が財務省に請求する貸付金は、国土交通省が管理していた「自動車安全特別会計」から財務省の「一般会計」に移すため、これを「繰入れ金」とその返済を「繰戻し」と言います。

国民の側からによる国等の財務会計の適正な運営を確保させようとする制度がなければ、近時、公にされてきている国家公務員による国の財務会計を悪用した国家公務員等による財務会計上の不正行為の予防及び是正は不可能です。この点、制度の欠如があると言えます。

【一般会計からの繰戻しに関する合意について　平成23年1月】

○平成22年12月22日　財務大臣・国土交通大臣合意

1　平成６年度及び平成７年度における自動車損害賠償責任再保険特別会計（現、自動車安全特別会計）から一般会計に対する繰入金の残存額については、従来の大蔵省と運輸省の間の合意事項を維持することとするが、平成６年２月10日付けの大蔵大臣及び運輸大臣間覚書（蔵計第２３８号、自保第38号）記２の「平成17年度から平成23年度」を「平成24年度から平成30年度」に改めることとする。

2　毎年度の具体的な繰戻額については、一般会計の財政事情、自動車安全特別会計の収支状況等に照らし、財務省及び国土交通省が協議の上、決定することとする。ただし、自動車安全特別会計の事業の運営上、予期しない資金手当の必要が生じると見込まれる場合には、同事業の実施に支障が生じないよう、平成30年度以前であっても繰り上げて必要額を繰り戻すこととする。

我々自動車ユーザーは、右「一般会計からの繰戻しに関する合意」に基づき、繰戻金の返還されるべき理由が存在する以上、国土交通省保障制度参事官室は、期限の引延しを図る無責任な財務大臣に対し、早々に残金全額返還請求することを要求します。

この繰入金は、税金でなく、自動車ユーザーの自賠責保険（自動車賠償責任保険）保険料運用益です。本来はこの運用益をいわゆる基金として、交通事故の後遺障害医療やひき逃げ、無保険車の被害者救済などの自動車事故セーフティネットとして機能させるためにあります。しかし、その基金が貸し付けられているため運用もままならない状態に陥っています。そのため自動車関連団体の日本自動車会議所、自動車ユーザー団体のＪＡＦ（日本自動車連盟）、交通事故の被害者団体などが機会あるごとに返済を迫っています。

国交省は「被害者救済や事故防止事業を時代の流れに従い維持・拡充する責務がある」と主張。交通事故の被害者家族や有識者も不安を募らせ、「自動車損害賠償保障制度を考える会」を結成し、確実な返済を財務省に求めています。

保険会社と日弁連の覚書

保険は本来加害者に対して給付義務があり、保険金を支払う保険者が示談代行を行うという形にそもそも矛盾があります。このような状況から日弁連としても示談代行制度にはいくつかの問題点があると認識していました。

そこで保険会社の示談代行を認めるにあたっては、いくつかの条件を損害保険会社に提示、1973年日弁連は損保側と交渉を重ね、両者間で覚書を交わしました。その主要な内容が以下の条件です。

1 裁判所基準に準じる任意保険支払基準を定め、賠償金支払の適正化を図る
2 中立の紛争機関を設置し、そのあっせん案を尊重する（指定紛争解決機関・金融ADR）
3 損害賠償金の内払い制度を確立し、被害者の経済的負担を軽減する
4 被害者の保険会社への直接請求権を約款に明記する
5 被害者との折衝は保険会社正規常動職員に限定する

3は簡単に言えば、損害賠償責任の総額が確定していなくても、状況に応じて保険金や損害賠償金を内払いせよというもの。事故に遭った瞬間から被害者には治療費や休業損害が発生します。従って自機に応じたこれらの損害の補填を求めるものです。

4は被害者の保険会社に対する直接請求権を認めよという内容。保険金を支払う保険会社の契約者は加害者です。通常は被害者と加害者の間で話し合いが持たれて、補償額が決められるのですが、被害者が加害者ではなく、直接保険会社に補償を請求する権利を認めるようにということです。

5については、示談交渉を代行できるのは、保険会社できちんと教育され、経験を積んだ社員に限定するという趣旨です。当然、示談という法律事務を扱うわけですから、最低限の法律知識は必要であり、示談という利害の衝突する者同士を仲裁を図るだけの資質を兼ね備えた人材でなければなりません。そのための人材教育をされ、しっかり会社を代表する責任ある人物でなければならないということです。

このような覚書を交わした上で保険会社は、以降、示談代行特約保険を販売することに至った経緯があります。営利団体である保険会社が、保険金支払いを抑えるべく、示談代行権をいいことに自分たちに都合の良い示談和解を進める恐れは十二分に考えられますし、実際にそのとおりになっています。

損保ジャパン代理人弁護士の提訴はそれよりも悪質な対応で、治療中の何の賠償も支払われていない被害者被害者家族らに言いがかりをつけて、裁判にかけるなど卑劣な恫喝行為に被害者の本来受けられるべき補償を受けることができずにいつまでも苦しめられているのです。

交通事故に係る第三者行為による傷病届等の提出に関する覚書

【国保連合会と一般社団法人日本損害保険協会の締結】

第三者行為による被害に係る直接求償事務の取組強化について

《都道府県民生主管部（局）国民健康保険主管課（部）長あて厚生労働省保険局国民健康保険課長通知》

国民健康保険における保険給付の対象となる疾病、負傷又は死亡の保険事故については、第三者による不法行為（以下「第三者行為」という。）の結果生じたものである場合がある。各市町村（特別区を含む。）及び国民健康保険組合（以下「保険者」という。）は、給付事由が第三者行為によって生じたものであるときは、国民健康保険法（昭和33年法律第192号。以下「国保法」という。）第64条第1項の規定により、保険給付を行うと同時に、その給付の価額の限度において、被保険者が第三者に対して有する損害賠償請求権を代位取得することとされている。

これまで、保険者におかれては、代位取得した損害賠償請求権（以下「求償権」という。）

を行使し、保険給付の適正な執行を図り、もって医療費の適正化に取り組んでいただいている。

特に、平成28年度からは、一般社団法人日本損害保険協会等の損害保険関係団体と「交通事故に係る第三者行為による傷病届等の提出に係る覚書」（以下「覚書」という。）を締結し、自動車事故による被害に対する損害保険の任意保険が使用される事案において、損害保険会社が傷病届等の作成を無償で援助するとともに、国民健康保険の利用を開始してから約1か月以内に保険者に提出されるようになり、求償実績が着実に向上してきている状況がみられる。しかしながら、任意保険が使用されない被保険者については、覚書による援助が受けられないとともに、損害額が自動車賠償責任保険の補償上限額を超える場合には、第三者に対し直接求償権（以下「第三者直接求償」という。）を行使することとなり、債務名義を取得して強制執行を行う等の法的手続きを講じる必要があるときがある。

また、自転車事故、ペットによる噛みつき、食中毒、闘争等の傷害事故について損害保険による賠償が受けられない場合も同様である。

今般、会計検査院から「国民健康保険等における第三者行為に係る求償事務の実施について」（平成29年3月24日付け29検第201号厚生労働大臣宛て）が発遣され、会計実地検査の結果、一部の国民健康保険団体連合会（以下「国保連合会」という。）においては、実施体制が十分に確保されていないこと等を理由に、第三者直接求償に係る事務については全て受託事務の範囲外とされているところがあるとともに、一部の保険者においては、第三者との間で過失割合について協議等を行うに当たり専門的知識が不足していること等を理由に、自ら第三者直接求償の事務を行っていないところが見受けられたとして、厚生労働大臣に対し、改善処置が求められたところである。

このため、第三者直接求償に係る事務の取組強化に向けて、都道府県、保険者及び国保連合会等の関係者のご意見を踏まえ、別添のとおり「第三者直接求償事務に係る対応方針について」を策定したので、都道府県におかれては、本方針について管内保険者及び国保連合会に対して周知いただくとともに、別添の対応方針に基づき、下記のとおり管内保険者に対し遺漏なく第三者直接求償を実施するよう徹底いただき、併せて国保連合会に対し受託事務の範囲の見直しに関する取組方法及び工程表を検討いただくよう指導・助言をお願いする。

記

1 会計検査院より求められている取組（会計検査院からは次の取組が求められている）。

⑴ 第三者直接求償事務を行うには専門的知識を要することなどを考慮すると、第三者直接求償事務を適切に行うために、国保法第64条第3項等の規定に基づき、第三者直接求償事務についても国保連合会に委託して行うことができるようにするなどすること。

⑵ 厚生労働省において、保険者による求償事務の適切な実施を推進するために、国保連合会における受託事務の範囲の見直しなど第三者直接求償事務を適切に行うための具体的な方策について検討して、都道府県を通じて保険者及び国保連合会に対する指導等を行うなどすること。

2 第三者直接求償事務に係る対応方針について

(1) 保険者の役割

保険者は、法律上当然に損害賠償請求権を代位取得した当事者であり、保険給付の適正な執行を図り、もって医療費の適正化を推進する給付の責任主体として、第三者に対し、代位取得した損害賠償請求権を適切に行使するべき立場にある。保険者が第三者直接求償を行うに際しては、被害者の過失の有無により求償額が影響を受けるものではないが、第三者からの主張等により、被害者にも明らかな過失があると認められるときは、被害者の過失割合に応じて求償額を減額して差し支えない。

一方、傷害事故に的確に対応し効率的に求償を行うため、第三者直接求償に係る事務を国保連合会に委託する場合には、国保連合会が債務承認以外の方法による時効中断を行うことが困難であることに鑑み、各保険者におかれては、最終的な責任主体として、債権の保全・回収を適切に行う観点から、国保連合会との役割分担を定める必要がある。

また、過失割合に応じた求償額の決定は保険者が行うものであるが、徴収事務の一部として、国保連合会に過失割合の決定を委託する場合には、決定後の過失割合に基づく求償額の承認を行うものとする。

(2) 国保連合会の役割

国保連合会は、審査支払機関であるとともに、保険者事務の共同処理機関の役割も担い、国保法第64条第3項の規定により第三者求償に係る損害賠償金の徴収又は収納の事務に関し専門的知識を有する職員を配置していることに鑑みれば、交通事故も含めて全ての傷害事故に係る第三者直接求償に係る事務を請け負う体制を構築することが適切である。

このため、国保連合会は、別添の対応方針に基づき、第三者直接求償に係る受託範囲の見直しに関する取組方法及び工程表について、保険者の平成30年度予算編成が行われるまでに検討することとし、保険者の要望や専門職員の更なる確保の必要性、費用負担の在り方等の地域の実情を踏まえて、できるところから始めて段階的に拡大を図るなど、具体的に実現可能な取組方法等を定めることとする。

(3) 都道府県の役割　都道府県におかれては、保険者における第三者直接求償の取組が適切に行われるよう、研修の機会等を活用して、具体的な債権管理手法等について指導・助言を行うとともに、国保連合会における取組方法等の検討及び専門職員の確保等に特段のご協力をお願いする。

連絡先　厚生労働省保険局国民健康保険課　島添・和田（憲）
電話０３（３５９５）２５６５（直通）

この覚書の問題点は、国保連合会の第三者求償事務において、第三者直接求償まで行わせていることです。

【第三者直接求償事務に係る対応方針について　文中抜粋】

――第三者直接求償とは、任意の自動車保険等の損害保険に未加入等のため、第三者（加害者）本人及びその家族等の連帯債務者に対し、保険者等が保険給付の価額を限度に損害賠償金の請求を行うことをいい、自動車事故や自転車事故、犬咬傷、食中毒、闘争等による傷病等の傷害事故が主な対象となる。

過失割合に応じた求償額の決定は保険者が行うものであるが、徴収事務の一部として、国保連合会に過失割合の決定を委託する場合には、決定後の過失割合に基づく求償額の承認を行うものとする。

などと結局国保連の、受託事務の範囲を超えた行き過ぎた脱法的な行為によるもので、任意保険加入者（加害者）への求償停止事務連絡は、加害者免責の幇助に値します。

被害者は、一般社団法人日本損害保険協会設置金融ＡＤＲ指定の「そんぽＡＤＲセンター」に加害者任意保険会社からの自賠責保険の自由診療打切りを相談した際に、第三者行為の届出の提出により、「健康保険が使える」などと不正請求の教唆を行うなど、任意保険加入者に対しての指導を行っていました。これは、不当利得の清算をさせない仕組みを利用する悪質な行為です。同時に任意保険会社にしてみれば加害者免責により、療養費の給付も抑えられ、公的保険使用で裁判時には疾病として扱われ、既往症との因果関係を立証不能に追い込むテクニックを加害者代理人弁護士は心得ているのです。

国保連は、保険者事務の共同処理機関の役割を担っていることをいいことに、保険者になりすまし営利目的の任意保険会社の取締役らで構成する一般社団法人日本損害保険協会と覚書をいつの間にか締結していたのでした。

何の法的拘束力もない覚書締結の不正を操作していたのは、厚生労働省であり、それに従う保険者である自治体の（不正な財務行為を行う）違法行政でした。これが日常的に行われていることによって合法化されるという恐ろしい事態を招いています。

【覚書（研究論文「行政官庁間の権限争議の定量的分析の試み」より抜粋）】

――国の行政権は、その目的と種類により各行政官庁に分属させられており、その権限を超えることはできない。しかし、その限界は必ずしも明確でない場合もあり、省庁間で権限争議が発生する。そこで、利害調整が行われ覚書が作成される。省庁間の権限争議を、この覚書の数でとらえ、定量的分析（クラスター解析および数量化第Ⅳ類）を行った。その結果、2001年1月に行われた省庁統合において、たとえば文部科学省への統合のように合理性のあるものの ある反面、厚生労働省への統合のように合理性の疑われるものもあることが分かった。また、医療衛生分野のみで同様の分析を行ったところ、厚生省の独自性が示された。本稿の手法では、権限争議事項以外についてでは分析できないという限界があるほか、今後の課題として、省庁の所管事項の潜在的な特性を明らかにする必要がある。このような「覚書」は関連省庁間の権限争議の結果を定量的に測る指標としては適合的なデータと考えられるが、それは覚書には他の資料には見られない特性があるからである。覚書が各省庁の公式発表や報道等とは異なり、その前段階においていわば水面下での関連省庁間での折衝や申し合わせ事項を記したものであるという点にある。覚書は公式な発表資料などとは異なって関連省庁間で取り交わされる行政庁の内部文書であり、外部に公式発表される前の資料である。すなわち、各省庁間の権限取り決めについて公式発表されるものに比べ、各省庁間の権限争議の実態についてより実態に近いものを反映していると考えられる。なぜなら、各省庁から公式発表される文書はすでにこのような水面下での各省庁間の協議を終えたものであり、この水面下で各省庁によりどのような協議がなされたのかをうかがい知ることは公式発表などからでは困難であるからである。すなわち、このように覚書には、いわば各省庁の「本音」が反映されていると考えられるのである。従って、各省庁間の取り決めの実態を表す指標として適合的であるといえるが、非感応尺度としての妥当性についての問題については、今後はより厳密な検討が必要とされる。

このような覚書は省庁間の内部文書であったため公開されておらず過去においては閲覧が困難であった。しかし平成10年に当時の官房長官の発言により事態に変化が訪れ、過去数年分についても一般でも閲覧することは不可能ではなくなった。本稿では、その覚書をデータとして収集して取りまとめ、過去3年分の全省分とその他の主要官庁のものについてのデータベースを構築した。このデータベースを用い、統計的手法を使って定量的な分析を行うことによって、各省庁間の権限争議を分析する。

覚書が取り交わされている実態は、おおむね次のとおりである。まず覚書の冒頭には関連省庁とその部局名そして幹部名が記されている。内容に目を移すと取り決めについての標題が示され、その後具体的な所管事項についての申し合わせ事項が記されるという体裁をとる。このように関連省庁名・標題・具体的な所管事項（いわば新たな縄張り）といった形で覚書には各省庁間の取り決めの様子が現れている。——

【覚書の効力（法的拘束力）の解説】—覚書の内容が適切なものであるかを確認する

覚書とは、なんであるかについて法律上の定義はありません。実務で用いられる覚書はその内容や役割も様々です。覚書に法的拘束力があるのかという問題がありますが、法的拘束力がある場合もあればない場合もあります。

覚書の記載内容や覚書が締結された経緯から見て、当事者に法的拘束力のある合意として扱う意志があったと認められれば法的拘束力を有します。

また、覚書が法的拘束力を有するか否かは事案によります。覚書の提示に中身を精査して、法的な義務を生じさせるような内容・文言となっているかを確認する必要があります。一つの覚書の中に拘束力のある条項と拘束力のない条項が混在していることもあります。

「覚書の内容が適切なものであるかを確認する」、当然のことではありますが、覚書に記載された内容そのものが意図に沿ったものであるか否かを確認する必要があります。この覚書は単なる口約束ではなく、れっきとした文書です。省庁間貸借において文書化された事項にはそれなりの重みがあります（国民健康保険＝厚労省、自賠責保険＝国土交通省、任意保険＝金融庁）。

覚書を締結する前には内容面の精査は欠かせません。仮に覚書の効力を軽視してその内容に違反するようなことがあれば、当然、国民健康保険被保険者らは黙っていません。無用のトラブルを防止するためにも、「守れない約束はしない」「約束したら守る」というのが原則です。

契約の交渉過程において基本事項を確認する覚書を締結するような場合、その後事情が変わらない限り、正式契約においても同じ内容とするのが通例です。正式契約において覚書と異なる内容とするのは容易ではありません。そのため交渉過程の暫定的な覚書であっても、やはり内容を十分吟味する必要があります。覚書の法的拘束力の確認を求める確認請求事件を提起すべきと国民健康保険被保険者は考えます。訴訟において覚書の法的拘束力が争われた場合、訴訟において被告は、「覚書は有効でない、仮に有効であるとしても、努力目標ないし、紳士協定に過ぎず、法的義務を定めたものではない」と主張するかもしれません。

覚書は実務で頻繁に目にしますが、その法的な位置付けや効力については曖昧なままに締結されることがあると思われます。場合によってはその効力を巡って紛争になることもあります。国民は、被保険者として覚書に法的効力を持たせたいことが明確である場合にはその旨、規定しておくことも検討が必要です。

第七章

制度設計の不備をついた悪徳商法

加害者を免責させる制度の悪用

前述のとおり、社会保険診療報酬支払基金（以下、支払基金）が保険者らから給付金を集め、国民健康保険連合会（以下、国保連）が交通事故の療養費を一般疾病の保険給付と同様に、任意保険加入者にも指定公費負担医療の支給を行っています。

本来、国保連は交通事故にかかる請求をする医療関係者に自賠責法の制度に沿って損保会社に請求するように指導、抑制する立場の審査機関です。

しかしながら、実態は損保会社に被害者の自賠責保険自由診療療養費の打切りをさせる動機を持たせる、いわば自賠責保険の請求を拒むための背任行為を黙認し、任意保険会社に不当利得を派生させていました。

ここで東京海上の摘発を試みたのですが、この事実関係を自治体の首長である浜松市長は黙認していました。結局、刑事罰については公正取引委員会の告発がないと主要な違反類型については処罰できないようで、これらの罰則においては懲役と罰金が併科することができることはこの時点では知る由もありませんでした。

これは平成25年の話であって、6年前に不正な財務行為のあることを保険者である市長が損保会社と静岡県国保連合会を摘発し訴追したとすれば、加害者免責のための裁判など起こされるまでもなく、母は後遺症が残るも保険給付されて解決に導かれたとすれば、今も生存しているのではないかと思うと残念でなりません。母はもっと無念でしょう。

恐るべし、お代官様と越後屋の存在！

【健康保険法第76条（厚生労働省令）】

4　保険者は、保険医療機関または保険薬局から療養の給付に関する費用の請求があった時には第70条第1項及び第72条第1項の厚生労働省令並びに前2項の定めに照らして審査の上、支払うものとする。

5　保険者は、前項の規定による審査及び支払に関する事務を支払基金法（昭和二十三年法律第百二十九号）による支払基金（第88条第11項において単に「基金」という）又は国民健康保険法第45条第5項に規定する国民健康保険団体連合会（第88条第11項において「国保連合会」という）に委託することができる。（※）

6　前各項に定めるもののほか、保険医療機関又は保険薬局の療養の給付に関する費用の請求に関して必要な事項は、厚生労働省令で定める。

※つまり覚書を交わす（ルールを決めたり変更したりすること）権限は与えられていない。しかし実際には勝手に覚書を交わしている。

保険者が行政事務を審査機関として国保連合会に委託して役所に窓口を設置、受託した国保連は代位取得した交通事故の国民健康保険使用を当たり前のように私病（※）として扱い、第三者行為届出の求償停止理由を被害者の過失を策偽して停止させる。結果、加害者の免責を図る目的がお客様保護に、そして任意保険会社は保険給付しなくてよくなる不当利得に繋がるとは誰もが想像すらできないことが行政の水面下で行われているのです。

「交通事故にかかる第三者行為による傷病届等の提出に関する覚書」はまさに保険者に成りすます審査機関（支払基金・国保連）と一般社団法人日本損害保険協会が締結していたのでした。

驚くべきことに厚生労働省令（厚生労働省保険局国民健康保険課企画法令係事務連絡）の通告によるもので、任意保険等使用事案としての要請事項の中に（治療費支払方法告知等）ー第1条損害保険会社等は、被害者が交通事故による傷病の治療を行う場合、被害者の治療費の支払方法に関する選択権を尊重する趣旨から、治療費の支払方法の種類（自由診療と保険診療があること）について告知するものとするー

なんて都合のいいことを言うものですから、任意保険会社は「健康保険が使えます！」のパンフレットを作って浮いたお金を被害者に還元するなどと不正請求を持ちかけてくるのです。

本来のルールは、次ページの「第三者直接求償事務に係る対応方針について」を参照。これが本来ですが、勝手に適用拡大されています。これが問題の根っこです。

※私病＝加害者（第三者）が存在しない疾病のこと
（つまり自分で転んだ怪我など）

第三者直接求償事務に係る対応方針について

1　第三者直接求償の意義と保険者等の役割

市町村及び国民健康保険組合並びに後期高齢者医療広域連合(以下「保険者等」という。)は、傷病等の保険事故が第三者の行為に起因するものであっても保険給付を行うが、1)二重利得の防止、2)不法行為責任の追及、3)負担の公平性の確保と保険財政の健全化の観点から、法律上当然に損害賠償請求権を代位取得した当事者として、適切に第三者に対し当該損害賠償請求権を直接行使（以下「第三者直接求償」という。）するのが原則である。

※　第三者行為による傷病等のため療養の給付等を行ったときは、国民健康保険法（昭和33年法律第192号）第64条第１項又は高齢者の医療の確保に関する法律（昭和57年法律第80号）第58条第１項の規定により、保険者等は、給付のつど給付の価額を限度に、被保険者が第三者に対して有する損害賠償請求権を法律上当然に代位取得する。

※　第三者直接求償とは、任意の自動車保険等の損害保険に未加入等のため、第三者（加害者）本人及びその家族等の連帯債務者に対し、保険者等が保険給付の価額を限度に損害賠償金の請求を行うことをいい、自動車事故や自転車事故、犬咬傷、食中毒、闘争等による傷病等の傷害事故が主な対象となる。

まず、加害者の任意保険担当者はこの不正請求に乗った被害者には保険給付を行いますが、不正請求を拒否する被害者には一切請求に応じません。

契約関係のない加害者の任意保険会社から、自由診療の自賠責治療を拒否された被害者はしぶしぶ自身の健康保険を使うことにさせられるのです。

その打切り通告がなされた頃合いが、症状固定日（平成24年8月31日）になっていました。損保会社は、自賠責保険の限度額（120万円）を超えたあたりに勝手に事前認定を損害算出機構に等級認定の裁定を行っていました。私は、当初から契約関係のない加害者の任意保険会社を信用していませんので、自分で母の被害者請求の手続きを進めていました。

今だからわかる加害者が被害者を訴える理由

個別の請求権として被害者には当然のことながら損害賠償請求権があります。

自賠責保険では、被害者自身が行う被害者請求（後遺障害等級認定）により、その等級に応じて自賠責保険から被害者の口座に直接振り込まれます。そして、その等級に対して被害額の算定を行い、加害者訴外で民事裁判により加害者加入任意保険会社に直接請求権を行使することになります。被害額を確定させる目的です。

手続き的には、加害者加入任意保険会社とは全く契約関係がないので私共被害者家族は粛々と任意保険会社への約款にある直接請求に向けて準備をしていました。初めから損害保険会社の苦情に対して「そんぽＡＤＲセンター」に裁判外紛争解決手続きを相談していたため、裁判による解決は避けるようにしていました。

【一般社団法人日本損害保険協会　そんぽＡＤＲセンター】

引き受け保険会社は、保険業法に基づく金融庁長官の指定を受けた指定紛争解決機関である一般社団法人日本損害保険協会と手続実施基本契約を締結しています。引受保険会社との間で問題を解決できない場合には、同協会に解決の申し立てを行うことができます。

その頃は当然、金融ＡＤＲという政府からお墨付きのＡＤＲ機関として信用していましたので、優良誤認（不当景品類及び不当表示防止法5条1項1号）「商品サービスの内容が事実と相違して、１ 実際よりも優良であると誤認させる、２ 他社の商品・サービスよりも優良である」と誤認させることを規制している法律があることも知りません。また、金融ＡＤＲ法において、「紛争解決等業務に関する手続実施基本契約書」を一般社団法人日本損害保険協会と契約締結している会員だけの業務規定であるのが、「そんぽＡＤＲセンター」で有利誤認（不当景品類及び不当表示防止法5条1項2号）商品・サービスの価格が、事実と相違して「１ 実際よりも有利であると誤認させる、２ 他社の商品サービスよりも有利であると誤認させることの規制があること」を知らない消費者は優良、有利誤認して信用して金融商品の契約や損保会社に苦情相談してしまうものです。

まさか、あの「そんぽＡＤＲセンター」設置協会「一般社団法人損害保険協会」の業務規定が役員らの都合のいい規定に改ざんされていたとは！まさに青天の霹靂の展開でした。

不実証広告規制（同法7条2項、８条3項）について、従来、表示が優良誤認にあたるかどうかは、消費者庁（２００９年８月以前は公正取引委員会）が調査して実施しなければならず、判断が下されるまでに時間がかかっていました。表示に対する消費者意識の高まりを受け、立証責任を事業者に課したのが、２００３年11月23日に施行された不実証広告規制です。

不実証広告規制のもとでは、表示が優良誤認に当たらないことを事業者が立証しなければなりません。具体的には消費者庁は事業者に対し、表示の「合理的な根拠」となる資料の提出を求め、事業者は資料を15日以内に提出しない場合、または提出された資料に合理的な根拠がないとされた場合は、不当表示とみなされます。

公正取引委員会は運用の透明性と事業者の予見可能性を確保するため、「不当景品類及び不当表示防止法第7条第2項の運用指針」（不実証広告ガイドライン）を公表（2003年11月23日）しました。それによると「合理的な根拠」の判断基準は次の2点となっています。

・提出資料が客観的に実証されたものであること
・表示された効果、性能と提出資料によって実証された内容が適切に対応していること

この中で、「打ち消し表示」があります。

打ち消し表示とは、サービスにおいて、強調表示（文字を大きく目立たせた表示）の例外を示したものを打ち消し表示という。打ち消し表示は、注意書きとして、強調表示よりも目立たないように表示されていることが多い。打ち消し表示は、消費者に見やすくわかりやすくしなければならない。

公正取引委員会は2008年6月13日に次のとおり、打ち消し表示の考え方を示しました。

「打ち消し表示を行わずに済むように訴求対策を明確にするなど強調表示の方法を工夫することが原則」

とうとう「打ち消し表示」を見つけ出した私は思わず笑ってしまいました。

それは無理でしょう！　これを消費者に見やすく分かりやすくしてしまったら、誰もこの損保協会会員会社との契約は絶対しませんよ。恐ろしい損保の裏側を垣間見たのです。

どうして被害者長女の私まで大手損保会社の損保ジャパン取締役西澤敬二から訴えられなければならないのか。また母が被害者なのに加害者名で訴えられたのか。これはもう裁判所を悪用した悪質な恫喝行為です。

恐ろしい損保会社の裏側

損害保険協会の会員会社（本章末・一覧表を参照）が全部とは言い切れませんが、「なぜ加害者が被害者を訴えるのか？」という素朴な疑問でしたが、訴訟提起によって応諾義務を拒否できる方法のただし書きが、指定金融ＡＤＲである「そんぽＡＤＲセンター」の紛争解決手続き利用の手引きの重要事項の説明の中に「民事訴訟を提起することで受諾を拒否できます」という「打ち消し表示」がありました。

『そんぽＡＤＲ紛争解決委員から提示される「特別調停案」は、保険会社に原則として受諾義務がある和解案です。ただし、保険会社は、民事訴訟を提起することで受諾を拒否できます。』

本来のＡＤＲの目的は、訴訟手続きによらずに民事上の紛争解決をしようとする紛争の当事者のために、公正な第三者が関与してその解決を図る手続きを言います。裁判外紛争解決手続きの利用の促進に関する法律1条（以下、ＡＤＲ法）、２００４年にこのＡＤＲ法が制定され、以下ＡＤＲについての法的な基盤が整備されています。

（1）指定金融紛争解決機関である「そんぽADRセンター」の場合には各業態に属する金融商品取引業者等は、当該指定紛争解決機関と紛争解決等に関する手続実施基本契約締結する義務を負う。

（2）手続実施基本契約には、当該指定紛争解決機関から紛争解決手続きに応じるように求められた金融商品取引業者等は、正当な理由なくこれを拒んではならない旨の規定を設けるべきこととされているため、手続実施基本契約締結後は、金融商品取引業者等は指定紛争解決制度を利用した手続を応諾する義務（手続応諾義務）を負うことになる。

（3）金融商品取引業者等の顧客は、苦情処理や紛争解決を求めて指定紛争解決機関に申立を行い、それに対して、紛争解決委員が和解案を作成し、当事者に対して当該和解案の受諾を勧告することになる。

（4）指定要件の欠格について、内閣総理大臣が紛争解決等業務を行うものとして申請者を指定するための要件が定められている。（改正金商法１５６条の38乃至１５６条の41）

⑥役員又は職員の構成が紛争解決等業務の公正な実施に支障を及ぼすおそれがないこと。

⑦業務規定の内容について法令に適合し且つ紛争解決等業務を公正且つ的確に実施するために十分であると認められること。

これらを業務規定に鑑みれば、日本損害保険協会役員らが利害関係を有する会員損保会社の代表取締役（西澤敬二・北沢利文）であれば業務内容の規定を違法に不法行為等、不正の操作をすることなど容易にできることになります。日本損害保険協会会員会社代表取締役員らの手続実施基本契約義務違反でもある訴訟における損害保険会社の目的については、応諾義務違反行為による手続実施基本契約不履行に当たると言えます。こんな例外はあってはなりません。

――会社は、経済活動の主体としてその目的たる事業活動を遂行するにあたり、当然に法令を遵守し、他人の権利を侵害しないことを求められる。しかし、ときとして、その行為が他者の権利を侵害した結果会社に対する不法行為責任が問われることもある。（民法44条1項、709条、715条）――

したがって取締役は、会社に対する任務懈怠について悪意または重過失があったことが認められれば、会社の不法行為によりその権利を侵害された第三者に対して商法266条ノ3第1項・会社法429条の責任を負うものと考えられます。

【「契約不履行」会員会社による違法行為】

紛争解決手続「保険業法上の紛争解決業務の訴訟手続きによらない解決手段」を逸脱して、

加害者から白紙の委任状を騙し取る不正を働き、不実の告知により裁判に移行させるなどの手法が横行していることから、また違法な行政に対する国民の権利救済を実効的にするという観点から、今後の訴訟において証拠申出による日本損害保険協会理事3名（西澤敬二、北沢利文、原典之）の証人尋問を求める必要があります。

事業者が消費者を欺いて契約に基づく義務を免れようとしたり、正当な権利がないにもかかわらず、あたかも権利があるようにふるまい、過大な請求（債務不存在確認請求）要求をするなど、虚偽誇大な広告表示は、消費者を騙し、無制限の保険料を搾取するなど消費者の判断を誤らせる行為の被害は増大しています。被害者の姉も加害者加入任意保険会社三井住友海上から加害者単独名での裁判提起（債務不存在確認請求事件）により被告にされ、直接請求権の行使を阻害されていたのです。

一般社団法人損害保険協会役員一覧（2019年7月1日現在）

会　長　金杉　恭三　非常勤・あいおいニッセイ同和損保社長
副会長　広瀬　伸一　非常勤・東京海上日動社長
副会長　Kenneth Reilly（ケネス・ライリー）非常勤・AIG損保社長
理　事　山村　鉄平　非常勤・アイペット損保社長
理　事　Hans Vranken（ハンス・ブランケン）非常勤・アクサ損保社長
理　事　野田　真吾　非常勤・アニコム損保社長
理　事　桑原　茂雄　非常勤・イーデザイン損保社長
理　事　楠原　成基　非常勤・エイチ・エス損保社長
理　事　島津　勇一　非常勤・SBI損保社長
理　事　山田　隆章　非常勤・au損保社長
理　事　助川　龍二　非常勤・共栄火災社長
理　事　新保　稔　　非常勤・ジェイアイ社長
理　事　金子　博継　非常勤・セコム損保社長
理　事　梅本　武文　非常勤・セゾン自動車火災社長
理　事　丹羽　淳雄　非常勤・ソニー損保社長
理　事　西澤　敬二　非常勤・損保ジャパン日本興亜社長
理　事　与儀　達樹　非常勤・大同火災社長
理　事　村島　雅人　非常勤・日新火災社長
理　事　淀　圭二郎　非常勤・日立キャピタル損保社長
理　事　原　　典之　非常勤・三井住友海上社長
理　事　宮本　晃雄　非常勤・三井ダイレクト損保社長
理　事　酒井　明夫　非常勤・明治安田損保社長
理　事　多田健太郎　非常勤・楽天損保社長
副会長　牧野　治郎　常　勤
専務理事　岩崎　賢二　常　勤・東京海上日動取締役
常務理事　伊東　祐次　常　勤
常務理事　坂本　仁一　常　勤
理　事　岩崎　武　　常　勤
理　事　宇田川智弘　常　勤
監　事　野口　知充　非常勤・トーア再保険社長
監　事　杉町　真　　非常勤・東京海上日動取締役
監　事　古笛　恵子　非常勤・弁護士
常任監事　重清　剛　　常　勤

一般社団法人損害保険協会会員会社一覧（２０１９年７月１日現在）

・あいおいニッセイ同和損害保険株式会社
・アイペット損害保険株式会社
・アクサ損害保険株式会社
・アニコム損害保険株式会社
・イーデザイン損害保険株式会社
・ＡＩＧ損害保険株式会社
・エイチ・エス損害保険株式会社
・ＳＢＩ損害保険株式会社
・ａｕ損害保険株式会社
・共栄火災海上保険株式会社
・さくら損害保険株式会社
・ジェイアイ傷害火災保険株式会社
・セコム損害保険株式会社
・セゾン自動車火災保険株式会社
・ソニー損害保険株式会社
・損保ジャパン
・大同火災海上保険株式会社
・東京海上日動火災保険株式会社
・トーア再保険株式会社
・日新火災海上保険株式会社
・日本地震再保険株式会社
・日立キャピタル損害保険株式会社
・ペット＆ファミリー損害保険株式会社
・三井住友海上火災保険株式会社
・三井ダイレクト損害保険株式会社
・明治安田損害保険株式会社
・楽天損害保険株式会社
・レスキュー損害保険株式会社

第八章

隠れていた巨悪の正体

5 紛争解決委員から提示される「特別調停案」は、保険会社に原則として受諾義務がある和解案です。ただし、保険会社は、民事訴訟を提起することで受諾を拒否できます。その場合は、裁判所での争いになります。

紛争解決手続では、和解案の受諾勧告では当事者間に和解が成立する見込みがないと手続実施委員が判断した場合に特別調停案が提示されることがあります。

特別調停案は、原則として保険会社が受諾しなければならない和解案ですが、保険会社がお客様の申立事案に関して民事訴訟を提起することで、保険会社は特別調停案の受諾を拒否することができます。その場合、紛争解決手続は不調となり、お客様は、申立事案について裁判所で争うことになります。

▲そんぽ ADR センター「紛争解決手続」ご利用の手引き ――「２重要事項の説明の５」に記述されている「ただし書き」の部分

金融庁の不正の操作

私がここで「巨悪」として訴えたいのは、金融庁という存在です。金融庁の方針や体制こそが、私と母が体験した悲劇の根源にあるものであり、損害保険会社の不正を健康保険料の流用という点も含めて、放任（もしくは、容認）するものであり、私が本書を執筆するきっかけとなった憤りの原因であるのです。

その象徴が「金融ＡＤＲ」という制度です。みなさんには聞きなれない言葉かもしれません。金融取引をめぐる様々なトラブルや紛争が発生した場合に備えて、広く金融ＡＤＲと呼ばれる仕組みが構築されてます。

「第三者の立場で公正に紛争解決を斡旋する」、平たく言うとそんなお題目のもと、主に消費者からの申し立てを受け、トラブルの解決に向けた話し合いが行われます。もちろん、裁判所ではありませんので、拘束力のある判決を出すことはできません。しかしながら、解決に向けた斡旋をしっかり行うという建前が存在します。これは非常に意義のある考え方です。ただし、「その建前が本当に守られているのであれば」ですが…。

損害保険業界に目を向ければ、いわゆる保険金不払い問題など多くの不祥事を受けて、平成22年9月に保険業法が改正され、一般社団法人日本損害保険協会（以下、損保協会）が紛争解決業務を行う旨が定められました。

その機能を担うものが、冒頭にお伝えした「そんぽADRセンター」です。「第三者の立場で公正に紛争解決を斡旋する」という建前。しかし、その担い手である「そんぽADRセンター」は、損保協会が運営主体となっています。みなさんはここで、何か違和感のようなものを覚えませんか?

もしも、みなさんが多少なりとも違和感を抱いたのであれば、それはまさに正解だということができます。その違和感がどこからやってくるのか、それについてお話していきます。

少し面倒な手続きにはなるのですが「損保協会ならびに各損害保険会社のホームページ、または役員名簿を確認すること」、そして「そこに書かれている人たちの名前を確認すること」それをやれば簡単に違和感の理由を発見することができます。私は実際にそんな対比をやってみて、そして絶望的な気分になりました。損保協会の役員は、すべて損害保険会社のトップによって構成されているのです。

金融庁には、日常の監督業務等を通じて把握された金融商品取引業者の苦情等対処体制上の課題については、深度あるヒアリングを行うことや、必要に応じて金商法第56条の2第1項の規定に基づく報告を求めることを通じて、金融商品取引業者における自主的な改善状況を把握する責務があります。

また、重大かつ悪質な法令違反行為が認められる等の場合には、金商法第52条の2第1項の規定に基づき、業務停止命令等の発出も含めて、必要な対応を検討しなければなりません。

こうした対応の旗手を担うべき存在が金融ＡＤＲです。しかし、その「そんぽＡＤＲセンター」を設置する損保協会が、監督されるべき存在である損害保険会社のトップによって構成されているのです。

このことを欺瞞と呼ばずして、何を矛盾と呼ぶのでしょうか？　やや乱暴な例えになりますが、犯罪者組織が警察機能を任されたらどんなことが起こるでしょうか？　自分たちの組織に属する人間を本当に逮捕するでしょうか？　小さな罪については対面上、逮捕する場合もあるかもしれません。ですが、組織の根幹を揺るがすような問題についてはどうでしょう？

犯罪を犯す側のトップが、犯罪を取り締まる側のトップを兼任している、そんな場合において、「捕まる」という選択をする人間など一人もいません。不利な証拠があれば改ざんする、不利な証人がいればその存在を消してしまいます。娯楽目的にハリウッド映画などではよく目にする光景です。しかしそれは、あくまでも物語の一部であるからこそ許されるのです。それが現実に起こったら、この国の社会は一体どうなってしまうでしょうか？

警察の不祥事が時々メディアで報道されます。そこに多くの国民の怒りが向けられるのは、まさに取り締まる側の人間が犯罪に手を染めているからに他なりません。そんなことがあっては社会の秩序が維持できないと、多くの人が危惧するからに他なりません。

それなのに、というのが金融ＡＤＲセンターを取り巻く現実です。いい換えれば私は、こうした現実にまさに飲み込まれそうになったわけです。

このような仕組みを放任している金融庁。しかし、放任という言葉には「意図せぬ状況だが仕方がない」というニュアンスが付きまといます。そして私は、このことの根は実はもっと深いのではないかと思っています。それを如実に物語っているのが、自賠責保険等に関する問題です。

自賠責保険や自賠責共済に関して、一般財団法人自賠責保険・共済紛争処理機関という組織が存在します。しかし、国土交通省を監督官庁とするこの組織は、残念ながら指定金融ADRには数えられていません。

その理由は次のとおりです。金商法第156条の39第1項第6号において、紛争解決等業務を行うものとしての指定要件は、「役員または職員の構成が紛争解決等業務の公正な実施に支障を及ぼすおそれがないものであること」であると規定されています。

しかし、損保協会の役員は、殆どが公正な実施に支障を及ぼすおそれのある自賠責保険・共済を取り扱っている損害保険会社関連の役員らで構成されています。したがって、前述の認定要件には該当せず、そのような欠格要件に該当する場合は紛争解決等業務を行うものとして指定許可を受けることはできないとの判断に至りました。

これって、明らかにおかしいですよね？

監督官庁が異なれば、このような理屈を持ち出して該当しないとの判断を下す、しかし、それとまったく同じ構造が存在するにもかかわらず、自らが監督する損害保険に関しては何の問題も指摘することなく認定を行っているのです。ここに何ら意図が存在しないと解釈するのは不自然です。むしろ明確な意図を持って金融庁は判断を変えている、そう見るのが自然です。

だからこそ私は、これを非常に根深い問題だと捉えています。そして、その根が深い分だけ、私の中の憤りもまた強いものとなっていきます。

（自動車損害賠償保障法抜粋）

・「第23条の2」国土交通大臣は、第11条から前条までの規定の施行に必要な限度において、国土交通省令で定めるところにより、保険会社に対し、責任保険の業務に関し報告をさせ、又はその職員に、保険会社の営業所、事務所その他の施設に立ち入り、責任保険の業務の状況若しくは帳簿、書類その他の物件を検査させ、若しくは関係者に質問させることができる。

・「第23条の17」国土交通大臣及び内閣総理大臣は、紛争処理業務の公正かつ適確な実施の確保に必要な限度において、国土交通省令・内閣府令で定めるところにより、指定紛争処理機関に対し、紛争処理業務に関し、報告をさせ、又はその職員に指定紛争処理機関の事務所に立ち入り、紛争処理業務の状況若しくは帳簿、書類その他の物件を検査させ、若しくは関係者に質問させることができる。

本書をお読みのみなさんはいかがですか？　これって、本当に間違っていることだと思いませんか？　自賠責保険は実質的に各損害保険会社が実務を行っています。しかしそこで起きた紛争を適切に解決してくれる組織が存在しないわけです。

このような状態が放置されていることは、国民に対する裏切りです。そのような裏切りを平気で行っているのが、他ならぬ金融庁という存在です。だからこそ私は、「巨悪」という強い言葉を使いました。保険業法違反という保険会社の不正を取り締まる立場にありながら、その不正が見逃される仕組みを許容している、いや、むしろ積極的に、そのような仕組みの構築に加担しているのです。それはまさに、「巨悪」と呼ぶに値すべき状況だと思うのです。

無論、このことは損害保険業界だけにとどまりません。銀行や生命保険業界においても多かれ少なかれ似たような構造が存在しています。すべて、監督しているのは金融庁です。

このような状況は、明らかに国益を損なっていると私は考えます。。国民が安心して自賠責保険を利用し、損害保険会社という社会にとって重要なインフラ機能を信頼し、そして国民健康保険の恩恵をしっかりと受ける、そのような国民の利益が、明らかに、大きく、今までも、そしてこれからも、損なわれていきます。

【金融庁の任務懈怠責任】

「保険会社向けの総合的な監督指針」作成目的

○「損害保険会社への指導等を踏まえた適切な損害賠償が保障される制度の 確立」について

保険業法においては、保険契約者等の保護の観点から、例えば、一般的に保険契約者間の公平性を確保すること等を目的とした商品認可や保険募集上の規定を設けているところであるが、保険金の支払いついては、個々の事実認定等 を踏まえて個別に判断されるものである。

このような保険金支払いに係る事実認定等の争いは、最終的には司法による判断に委ねられるところであるが、公平・中立な立場から解決を図るものとして、社団法人日本損害保険協会に設けられている損害保険調停委員会や財団法人交通事故紛争処理センターなどが裁判外紛争処理機関として活用されている。

金融庁としては、保険金の支払いは保険会社の基本的かつ最も重要な機能であり、保険会社は迅速かつ適切な保険金支払管理態勢の構築に努めることが求められると考えている。

このような観点から、現在策定中の「保険会社向けの総合的な監督指針」において、保険会社における保険金等支払管理態勢の整備について盛り込んでいるところである。当該監督指針に基づき、各保険会社における態勢整備の状況について検証していくこととしている。

○「保険会社との示談について加害者弁護士からの行き過ぎた行為を防止すること」について

保険会社が保険契約者等の示談等の代理人として、加害者側の立場で弁護士を選任する場合もあるが、選任された弁護士は、弁護士法等の範囲で当事者間の対応を行っているものと承知している。

仮に示談における保険会社側の行為について問題と思われるところがある場合、金融庁としては、苦情・相談等金融利用者サービス相談室に寄せられる情報を活用し、保険会社に対する検査・監督において適切な対応をしてまいりたい。

○「誠意のない、態度の悪い保険会社には罰金を課すこと」について

要望については、どのような行為に対して刑事処罰を設けることとするか、司法制度に係る課題として検討が求められるものと考えられる。

なお、金融庁としては、現在推進中の金融改革プログラムにおいて、各金融機関に対して、利用者の立場に立った経営・運営に取り組むことを求めているところである。

【金融庁「係争中を理由に個別対応を受けない免責事例」】
損害賠償請求権阻害による人権侵害（被害者陳述）

加害者加入任意保険保険会社から恫喝訴訟を起こされ、被害者遺族に裁判所を悪用した嫌がらせが続いています。

一般社団法人日本損害保険協会設置の「そんぽＡＤＲセンター」は金融ＡＤＲ指定されていて政府広報オンライン、金融庁、国土交通省から裁判外紛争解決機関として紹介されています。「当事者以外の第三者（金融ＡＤＲ機関）にかかわってもらいながら、裁判以外の方法で解決を図る制度」です。

生前の母の追突事故で「そんぽＡＤＲセンター」を利用して手続きを進めている途中、全く過失のない被害者が加害者加入の任意保険会社から訴えられることに疑問が生じ、調べてみると「紛争解決手続利用の手引き」の重要事項の説明のなかに―**「そんぽＡＤＲ紛争解決委員から提示される「特別調停案」は、保険会社に原則として受諾義務がある和解案です。ただし、保険会社は、民事訴訟を提起することで受諾を拒否することができます」**―というただし書き（打ち消し表示）がありました。

ここで初めて損保会社が、受諾義務を免れるために訴訟提起してきた理由がわかりました。係争中を理由に、（加害者は物損人身事故無制限の保険料を支払っています）全損の車両の損害も治療費も一切払わず、債務不存在確認請求事件を提起しています（加害者訴外）。

本来のＡＤＲの目的は、**「訴訟手続によらずに民事上の紛争解決をしようとする紛争の当事者のために、公正な第三者が関与してその解決を図る手続きを言う」**（裁判外紛争解決手続の利用の促進に関する法律1条、ＡＤＲ法）この打ち消し表示により、目的が全く達成されることなく被害者の損害賠償請求権が阻害されていることがわかりました。

我々は、自動車損害賠償保障法に基づき、保険業法違反の日本損害保険協会の重要事項表示の「打ち消し表示」は問題があるため、会員会社の加害者の保険料を搾取する債務不履行責任を免責する悪徳商法の摘発と、一般社団法人日本損害保険協会の手続実施基本契約義務違反において、損保犯罪対策委員会としては日本損害保険協会の廃止に向けて活動を推進していきます。

金融庁のあり方がこうだからこそ、損害保険会社も今のようなスタンスを維持できているのかもしれません。何か問題があっても、すべては出来レースによって解決される、対外的にちょっとだけ血を流したフリをすれば、いつかみんな忘れてしまいます。

しかし、私は何があっても忘れません。そのために、本書を懸命に書いています。できるだけ多くの人に、こうした問題の存在に気付いてほしい、そしてもし同じような思いを抱える人がいれば、力を合わせて大きなうねりを作っていきたい、そのための契機になればよいとも思っています。

不正の操作をマニュアル化

保険毎日新聞社発行「自動車保険の解説２０１７」という保険の解説本があります。検索して調べてみると保険毎日新聞社の株主は、こぞって大手損害保険会社が出てきます。内容を読んでみると、明らかに不正の操作をマニュアル化した裏マニュアル本だったのです。これを参考に、損保会社代理人弁護士は不正の操作を行っていました。例えば、本件のように加害者が被害者を訴える際に委任状をだまし取る手口が横行しています。

P53・6「被保険者のために」とは、保険会社が本人である被保険者の代理人として法律行為を行い、その効果が直接、本人である被保険者の代理人として法律行為を行い、その結果が直接、本人である被保険者に帰属することを表している。保険会社が代理人として、本人である被保険者のためにすることを示談書上で示す方法としては、示談書にＡ（被保険者）代理人Ｂ（保険会社）と表示するのが普通であろうが、このような表示をしないで、あたかも被保険者自身が交渉を行って示談契約を締結したかのような外観で、示談書上Ａ（被保険者）とのみ記載し、Ａの印鑑を押す方法で代理行為を行うこともできる。

このような場合でも、代理人である保険会社に代理意思が認められる限り、有効な代理行為となるから、実務上は後者の表示方法によるのが便利であろう。

なお、被保険者は、保険会社の示談代行のやり方に不満がある場合には、委任契約を解除する（民法第６５１条、第１１１条）ことによって、将来に向かって代理権を消滅することができる。P54（４）我が国の法制では、任意的訴訟担当（本来の利益帰属主体である被保険者が、その意思に基づいて第三者である保険会社に訴訟追行権を授与し、保険会社は自己の名で当事者として訴訟を追行する）は、原則として無効と解されている。また、委任による訴訟代理人は、地方裁判所以上では必ず弁護士以上でなければならない。（民事訴訟法第54条第1項）ので、保険会社が被保険者の訴訟代理人にとなることもできない。

従って、保険会社が選任した弁護士を、被保険者の訴訟委任に基づく代理人とする。この場合、被保険者の代理人である保険会社が、本人である被保険者を代理して弁護士を選任することになるが、これは保険会社の有する代理権の行為であって、復代理（代理人が自己の有する権限内の行為を行わせる者を、代理人が自己の名において選任し、その者を直接本人の代理人とすること。民法104条）ではない。本項の注書にある「弁護士の選任を含みます」という表現は、この意味を表している。従って訴訟委任状は、被保険者から直接弁護士に提出することとなる。

このように被保険者である加害者に訴訟提起の内容を示談代行であると誤認させて、被害者を被告に据えて「債務不存在確認請求事件」にすり替えるのです。恐ろしいことに被害者は過剰請求を行うクレーマーに仕立て上げられます。

東京地方裁判所第27民事部のいかさま裁判

担当裁判官がヒラメ裁判官だったらどうするか？　こんな衝撃的な事件が一般市民に起こってくるとは！　しかしながら明日はわが身かもしれません。

仮にあなたが追突事故に遭ったとして交通事故の加害者が突然訴えてきたりしたらどうしま

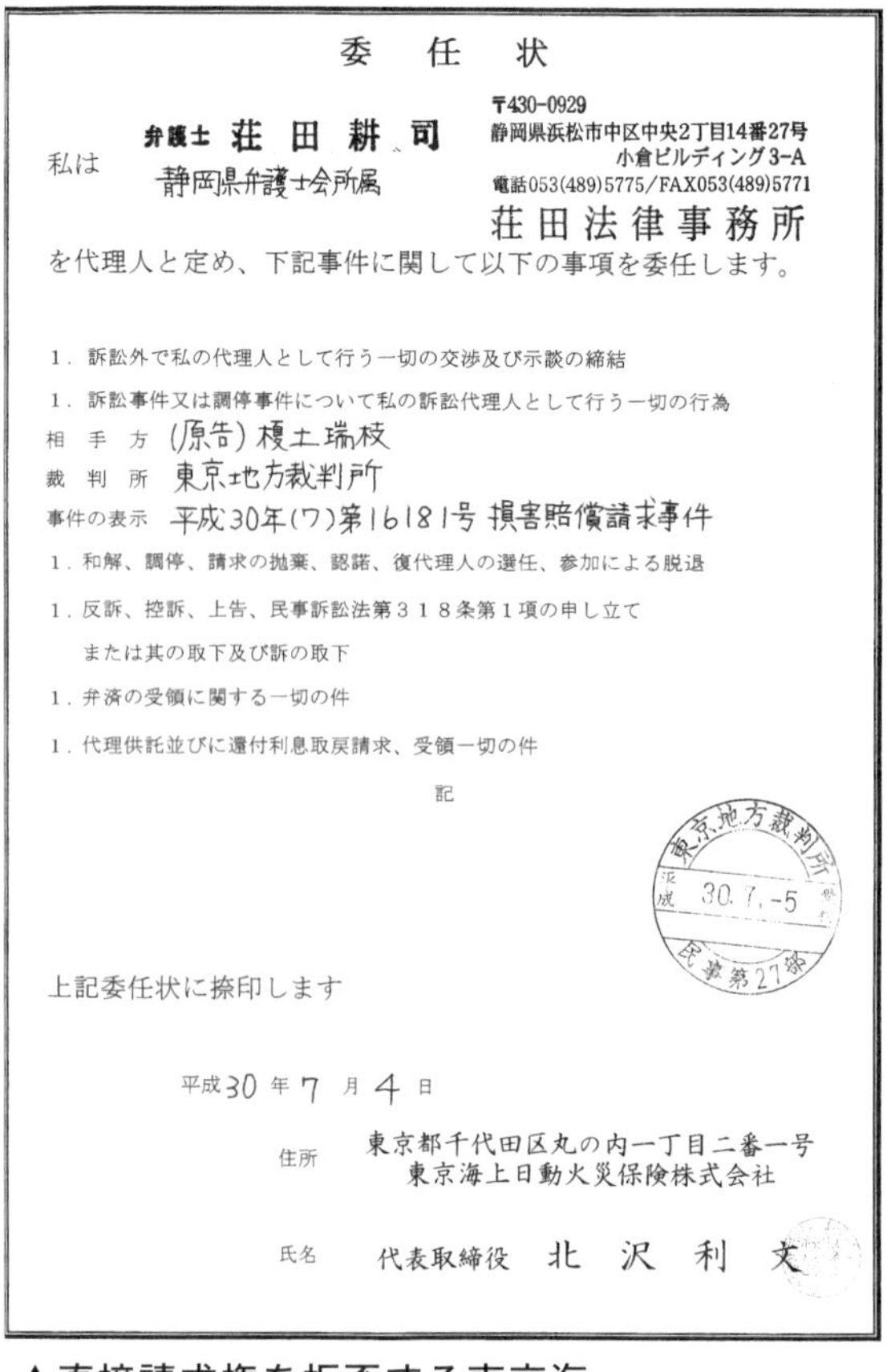

委　任　状

私は　弁護士　荘　田　耕　司
静岡県弁護士会所属

〒430-0929
静岡県浜松市中区中央2丁目14番27号
小倉ビルディング3-A
電話053(489)5775/FAX053(489)5771
荘田法律事務所

を代理人と定め、下記事件に関して以下の事項を委任します。

1．訴訟外で私の代理人として行う一切の交渉及び示談の締結
1．訴訟事件又は調停事件について私の訴訟代理人として行う一切の行為
相　手　方　(原告) 榎土瑞枝
裁　判　所　東京地方裁判所
事件の表示　平成30年(ワ)第16181号 損害賠償請求事件
1．和解、調停、請求の抛棄、認諾、復代理人の選任、参加による脱退
1．反訴、控訴、上告、民事訴訟法第３１８条第１項の申し立て
　または其の取下及び訴の取下
1．弁済の受領に関する一切の件
1．代理供託並びに還付利息取戻請求、受領一切の件

記

上記委任状に捺印します

平成30年7月4日

住所　東京都千代田区丸の内一丁目二番一号
東京海上日動火災保険株式会社

氏名　代表取締役　北　沢　利　文

▲直接請求権を拒否する東京海上日動火災の北沢利文（一般社団法人日本損害保険協会＝そんぽADRセンターの役員）

すか？　しかも、交通事故に関する訴訟を集中している専門部である東京地方裁判所27民事部総括裁判官が、「社会保険の利用等国民健康保険による診療について、被害者の実質的な救済に傷害保険金を充てるためにも健康保険による診療を十分に活用すべきであろう」（別冊判例タイムスP38・4より）などとの不正請求を助長する白石史子裁判官だったらどうなるのか？　そうでなくても、27民事部の裁判官の被害者による直接請求の結果は見えていました。

東京地方裁判所民事27部 裁判官　小沼日加利
平成30年（ワ）第16181号事件　直接請求権棄却判決
原告　訴訟継承人　　被告　東京海上日動火災保険株式会社

加害者加入の任意保険会社に対して遺族が訴訟継承人として直接請求権の行使をしたらどうなるのか？ そのヒラメ裁判官の判断基準も当然健康保険は使うべき結果ありきです。貼用印紙額18万8千円を使い、訴訟提起したとしても棄却され、また今後の控訴審は1・5倍の印紙が必要となるのです。

金融庁長官は不正を看過し、金融ADRとしての「そんぽADRセンター」を指定し、内閣総理大臣が任命している。そこに相談内容を（療養費を打切る損保会社に）情報を共有されて損保役員らが構成する改ざん業務規定を押し付けられた被害者は泣き寝入りするか死んでいくしか方法はないのです。

民主主義国家であるのに主権者である国民の目など全く怖くないのです。職権の独立を保障されている裁判官の権限濫用をチェックできるのは憲法78条に定められた裁判官弾劾裁判所のみです。

裁判官弾劾裁判所は衆議院議員7名、参議院議員7名の合計14名で組織されています。裁判官弾劾裁判制度が適正に機能していれば、現職裁判官のチェック機能が働き、ヒラメ裁判官が生まれ難くなるはずです。

しかし、主権者から選挙で選ばれた国会議員により、構成される弾劾裁判所の裁判官に対するチェック機能が不完全過ぎていて、弾劾裁判で辞めさせられる心配がないことから、現場の裁判官が怖いのは国民ではなく最高裁事務総局だけです。国会議員の職務怠慢に起因してそのチェック機能が働いていないために、裁判官は国民の目を気にするよりも裁判官人事を握っている最高裁事務総局による監視の目のみ気にするおかしな事態が生じているのです。ヒラメ裁判官が増え続ける原因は、裁判官弾劾裁判所での「裁判官に対するチェック」機能が全く働いていないことです。

事実誤認の重大な人権侵害判決を書いても無責任のままで済み、当該判決を書いた人物は所詮他人事の認識で給料をもらえるなんて、裁判官はとてもいい仕事だと思います。

「最後は司法の判断で」とはいうものの、いかさま裁判をするような裁判所では国民にとって財産権の行使を裁判に委ねることは危険が伴います。憲法上裁判は国民の人権保護のためのものであっても、常にお代官様と越後屋が存在する裁判に希望はありません。

東京地方裁判所 民事27部 裁判官　影山智彦
平成30年（ワ）第21352号 直接請求権棄却判決
原告　訴訟継承人　　被告　損害保険ジャパン日本興亜株式会社

今でも損保ジャパンの訴訟提起による西澤敬二の嫌がらせは続いています。本人に代表取締役としての自覚があるのかが疑問です。

●取締役の義務

①善管注意義務（会社法３３０条、民法６４４条）

善良な管理者の注意をもって職務を行う義務

②忠実義務（会社法３５５条）

法令、定款、株主総会決議を守り、会社のために忠実に職務を遂行する義務

③監視・監督義務

他の取締役の業務執行が適正に行われるよう監視監督する義務

●取締役の責任

①任務懈怠責任（会社法４２３条）

取締役の場合、一般に取締役としての地位のある者に要求される水準の注意義務を果たす必要があることになる。

現在被害者であるあなたが加害者から訴えを起こされて弁護士に相談するでしょうが、まだなぜ私が被告になるのか？　納得がいかないはずです。賠償責任を負う立場の加害者であれば、自分のあずかり知らないところで、（任意保険は無制限で保険料を払っているにもかかわらず）被害者を訴えているかもしれません。法治国家である日本という国がイカサマで成り

立っているとは、今でも信じがたいことが起きてきます。

弁護士も裁判官も当事者抜きのままで消費者保護のための「法改正」に沿った判断をしていないことが問題です。

現在の私は、「交通事故損保犯罪被害者の会・損保犯罪対策委員会」（以下、委員会）という組織を立ち上げ、損害保険会社による横暴をなくすべく取り組みを続けています。

債務不存在確認訴訟のような一般消費者に対して明らかな圧力をかけること＝恫喝を目的とした訴訟を恫喝訴訟（ＳＬＡＰＰ）と呼びます。

ＳＬＡＰＰとは、資本力のある大企業などが、自社に不都合な事実を隠ぺいするために、社会的に立場の弱い個人への嫌がらせを主な目的として提起される、明らかに合理的とはいえない、ないしは、道理に合わない訴訟を指します。アメリカでは１９８０年代に大きな社会問題となりました。現在では多くの州で「反ＳＬＡＰＰ法」が制定されています。

しかしながら、この国ではまったくの野放し状態が続いています。東京海上も損保ジャパンも、日本を代表する大企業のなかのひとつです。こうした大企業が堂々とＳＬＡＰＰを仕掛けてくる土台が強固に存在しているのです。

スラップ（英 : SLAPP、strategic lawsuit against public participation、恫喝訴訟、威圧訴訟、批判的言論威嚇目的訴訟 [1]）とは、訴訟の形態の一つで、社会的にみて「比較強者」（社会的地位の高い政治家、大企業および役員など）が、社会的にみて「比較弱者」（社会的地位の低い個人・市民・被害者など、公の場での発言や政府・自治体などへの対応を求める行動が起こせない者）を相手取り、恫喝・発言封じなどの威圧的、恫喝的あるいは報復的な目的で起こすものをいう。（Wikipedia）

私は委員会の活動を通じて、こうした暴力の存在を世の中に訴えています。健康保険を自社の利益として搾取する犯罪の手口についても、世間に広く周知したいと考えています。すでに提起されている訴訟が速やかに取り下げられ、かつ、今後二度とそのような訴訟が提起されることのない状況を創り出したいと思っています。

最終的には、日本版の「反ＳＬＡＰＰ法」が制定されることを目指し、署名の収集など地道な活動を続けています。これは、目的を達成するまで何があっても続けていくつもりです。

真の意味で消費者保護が確立されることを心から願っています。

ご参考までに、次項に私たちの活動ビラを載せています。

損害保険会社による犯罪がこの世からなくなるよう、交通事故の被害者だけでなく加害者もまた保険会社の横暴に苦しめられることがないよう、活動を続けている証ですので、どうぞご確認いただければ幸いです。

そして、一人でも多くご賛同いただける方が現れることを期待します。

苦しんでいる方がいれば、今すぐに声をかけてください、共に闘います。

そんな思いをお伝えして、本書を結びとさせていただきます。

自動車保険会社による犯罪行為が横行しています

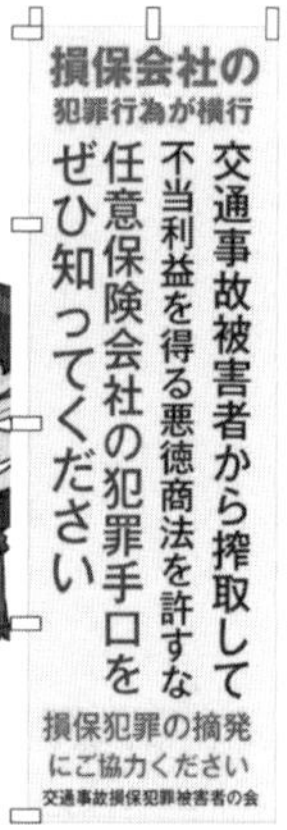

損保会社の
犯罪行為が横行
交通事故被害者から搾取して
不当利益を得る悪徳商法を許すな
任意保険会社の犯罪手口を
ぜひ知ってください
損保犯罪の摘発
にご協力ください
交通事故損保犯罪被害者の会

・交通事故被害者に健康保険を使わせて不当利益を得る悪徳商法を糾弾します。

・損保会社の犯罪手口をぜひ知ってください。

・事故被害者も加害者も共に不払いの損保犯罪に苦しめられています。

・弱者の正当な主張を屈服・沈黙させるために不当な恫喝訴訟（SLAPP）が提訴されます。 裏面参照

・恫喝訴訟＝企業暴力はただちに取り下げを！！

・消費者保護のための署名活動にぜひご協力ください。

私たち家族が受けた理不尽な仕打ち

平成26年12月に静岡県浜松市で起きた交通事故に対して、加害者側の任意保険会社は不法な対応をしました。

事故状況：左折待ち停車中に追突され、追突された車は全損。過失割合は10対0で、被害者には全く非がありません。

損保会社の対応：しかし、平成29年現在、損保会社は被害者の治療費も全損車両の損害補償も未だに支払いません。

それどころか加害者抜きで債務不存在を主張して被害者とその家族を告訴してきました。

加害者の状況：保険契約者である加害者は、自分の加入している損保ジャパン（任意保険会社）が被害者に支払いをしないので、消費者金融２社と親戚そして勤務先から借金をして被害者に立替えています。

彼は任意保険会社損保ジャパンに対して平成２８年１０月１１日静岡地方裁判所浜松支部に加害者請求を提訴していますが損保弁護士は放置したまま裁判所に対して答弁もしません。損保ジャパンは加害者に対しても不払いの嫌がらせをしています。一体何のために保険料を払っているのでしょう。

なぜこうなった？：被害者は事故入院の支払いを自分の国民健康保険証を使って行うよう損保ジャパン担当者から指示されたのですが、断りました。

この手口は広く横行していますが・・

自賠責保険（自由診療）を使わせないことで、損保会社が自らの支払い義務を逃れ、間接的に公金を搾取する犯罪行為です。

この不法行為への協力を拒否したことが、今回のSLAPP訴訟提訴につながっていると考えられます。

損保犯罪の摘発にご協力ください

〒100-0014 東京都千代田区永田町2-17-10-301 濱中都己 方
交通事故損保犯罪被害者の会 損保犯罪対策委員会
Facebook: 交通事故損保犯罪対策委員会

▲活動ビラ表面

「反スラップ法の制定」請願への署名のお願い

賛同署名をお願いする請願要旨：

SLAPP 訴訟提訴（債務不存在確認請求事件）を取り下げてください

これは私たち家族が実際に体験した典型的な損保犯罪の事例です。

損害保険ジャパン（原告）は、被害者に全損事故の車両の損害も、治療費も一切払いません。

事故加害者は、保険金不払いの損保ジャパンに苦しめられ、消費者金融から借金をして被害者に支払いをしています。

損害保険ジャパン（原告）は、契約関係のない被害者と被害者長女を訴えています。

（合理的な訴訟ならありえないような道理に合わない内容の恫喝訴訟です）

事故加害者抜き（訴外）の、法的根拠のない以下記載の訴えを取り下げてください。

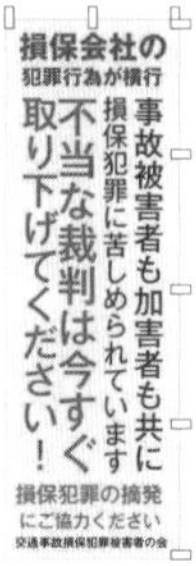

事案詳細情報

加害者加入任意保険会社
　損害保険ジャパン日本興亜株式会社
事故日　平成２６年１２月２９日
追突事故　被害車両全損
保険番号　M027960993
　対人賠償　無制限
　対物保証　無制限 / 事故負担額なし

債務不存在確認請求事件
静岡地方裁判所浜松支部民事部６係
平成２８年（ワ）第１２７号
訴外　事故加害者　太田好彦
原告　損害保険ジャパン日本興亜株式会社
　代表者代表取締役　二宮雅也
被告　事故被害者　榎土瑞枝
　被害者長女　濱中都己

あまり表には出てきませんが、同様事例は多くの損保会社によって全国的に多発しています。

これを止めさせるために、**「現在提訴されている SLAPP 訴訟を取り下げさせ、新たな SLAPP 訴訟提訴を非合法化する反 SLAPP 法を日本でも制定してください」**

という趣旨の請願を行います。賛同署名をお願いします。

SLAPP（スラップ =Strategic Lawsuit Against Public Participation）：
資本力のある大企業などが、自社に不都合な事実を隠蔽するため、社会的立場の弱い個人への嫌がらせを主な目的に、訴訟の内容・方法などに合理的な訴訟ならありえないような道理に合わない訴訟を起こす。
アメリカでは 80 年代に横行したが、司法制度の精神を歪める「法の悪用」であると問題視され、現在では多くの州で恫喝訴訟を禁止する「反 SLAPP 法」が制定されている。
しかし日本では全くの野放し状態。むしろ悪徳企業において利益追求のために、裏マニュアルを活用までして積極的に推進されている現状すら存在する。

平塚俊樹著宝島社「証拠調査士は見た！～すぐ隣にいる悪辣非道な面々」より（一部加筆）

交通事故損保犯罪被害者の会 損保犯罪対策委員会

「反スラップ法の制定」への署名のお願い

恫喝訴訟（SLAPP 訴訟）を禁止するための請願活動にご協力ください

SLAPP（スラップ =Strategic Lawsuit Against Public Participation）：
資本力のある大企業などが、自社に不都合な事実を隠蔽するため、社会的立場の弱い個人への嫌がらせを主な目的に、訴訟の内容・方法などに合理的な訴訟ならありえないような道理に合わない訴訟を起こす。アメリカでは 80 年代に横行したが、司法制度の精神を歪める「法の悪用」であると問題視され、現在では多くの州で恫喝訴訟を禁止する「反 SLAPP 法」が制定されている。しかし日本では全くの野放し状態。むしろ悪徳企業において利益追求のために、裏マニュアルを活用までして積極的に推進されている現状すら存在する。
（平塚俊樹著「証拠調査士は見た！～すぐ隣にいる悪辣非道な面々」宝島社 より（一部加筆））

電子賛同または署名用紙へのご署名をお願いいたします。

電子賛同は Change.orgh にて・・・http://goo.gl/f91vvA

▲活動ビラ裏面

あとがき

委任立法・行政行為の違法性について

社会の複雑多様化に柔軟・迅速に対応すべく委任立法が増加しています。この背景には、専門化・複雑細分化する行政活動について、素人同然の国会議員には的確な法律を制定することができないという現実が存在します。

結果として、法律では大枠（大綱）のみを定め、詳細は行政機関が制定する委任立法に委ねることになります。特に、福祉国家への移行に関連した領域で行政の許認可を行うことが激増していますが、その許認可の基準のほとんどが委任立法、特に命令によって制定されています。

しかし、いかに法律による委任を受けているとはいえ、行政権を執行する当事者である行政が、その執行ルールを自ら設定することには、権力分立論あるいは法律による行政の原理からの批判も少なくありません。

また、行政機関は内部規範として規則を定立することができます。たとえば、行政活動の重要要素である法令の解釈適用について、意思統一のための基準のほとんどは、上級機関から下流機関に通達という形式で伝えられるのです。

なかでも、政府提出の法律案や政令の審査立案、法律問題に関して、内閣等に意見を述べるなどの権限を有する内閣法政局が発する通達は、公定解釈として大きな影響力を持ち、関係する行政機関を拘束します。

このような内部規範は行政規則と呼ばれ、行政内部のみに効力を及ぼし、外部（国民）への法的な拘束力はないとされています。しかし、今日では通達による法的解釈が結果的に国民の権利義務に影響を及ぼすことなどが指摘され、行政規則の外部効果が重大な問題となっています。

平成29年3月24日付け、会計検査院は、健康保険に関する審査支払機関（社会保険診療支払基金、国民健康保険団体連合会）に対する「第三者直接求償事務に係る対応方針」について厚生労働大臣宛に意見を表示しました。

過去、会計検査院は国の財務行為について検査を行った結果、その違法性損害の存在を指摘、違法な財務行為があると判断して、関係者に対し、損害回復等の必要な措置を再三勧告してきました。

ところが厚生労働省保険局長は意見書には全く聞く耳を持たず、「第三者行為に起因する傷病であっても原則支給」をし続けて「指定公費負担医療の支給対象外であるにもかかわらず支給を受けていた場合であっても、レセプトは返戻せずに保険者から被保険者に対し、指定公費負担医療相当分の不当利得返還請求を行う」と指示しています。

不正不当な支出を強いられている保険者（県市町村）がなぜ唯々諾々としてそれに従うのか不思議でしたが、そのカラクリも判明しました。それは、保険者は民間の審査機関に全て業務を委託しているからでした。そして、その受託される民間審査機関とは（不当利得を得る立場の）損保会社や関係省庁からの天下りの利権代理者だったのです。

現在委託等されている事務・事業の内容は、官民の役割分担、規制改革の観点を踏まえ、当該事務・事業が民間に委ねることに本来的になじまない性質のものであることから、審査及び支払いに関する政府関係法人（特別民間法人）への事務の委託の解除と、支払基金法（※1）又は国民健康保険団体連合会（※2）の廃止を求めます。

※1　昭和23年法律第129号による支払基金。第88条第11項において単に「基金」という。

※2　国民健康保険法第45条第5項に規定する。第88条第11項において「国保連合会」という。

厚生労働省の天下り先確保による私物化と損保業界の不当利得体質＝損保不当利権村＝は断じて許されるものではありません。この利権構造の解体は国民本位の社会を取り戻す第一歩です。

いままで国民の目から巧妙に隠蔽されてきた行政行為の不適切性および違法性を可視化し、行政立法の内容等を行政訴訟の対象とすることによって不適切性や違法性を早期に是正することは国民の権利義務の正当性実現と救済にとっても極めて大きな意義を有します。

納税者の権利利益の救済（流出公金回収）

「財務行為の適法性の確保」について、地方自治法においては、普通地方公共団体（住民福祉の向上を目的とした一般目的の地方公共団体）の住民がその財務行為の違法性をチェックし、損害を回復する訴訟として、「住民訴訟」が認められています。

住民訴訟は、地方自治法に規定された客観訴訟であり、住民であれば、誰でも、普通地方公共団体における違法な財務行為について、その差止め、損害賠償請求・不当利得返還請求訴訟などを提起できることとなっています。

しかしながら、行政の適法性の、司法による確保必要性の観点から現在の制度を眺めると、普通地方公共団体の損害防止および回復や、行政における財務行為のあり方の是正を誰もが容易に提起できるためには、実際には大きな障壁があります。

提起する窓口がありませんし、そもそも行政委託型公益法人という仕組みを知らされていません（隠蔽されています）。そして、違法行政を行っているということを、そもそも役所自身が気付いていません（都道府県・市町村がこうしたカラクリに気づかないように不正な通達で束縛されています)。

また、民が官に対し公金の使途の是正を求める制度に関していえば、自治体による公金濫用(公用財産の毀損)に対しては、住民が首長など関係者の賠償責任を問う制度はあるのですが、国による公金濫用等に対しては、そのような制度(国民訴訟)は我が国には設けられていません。

いわば、当時の石原都知事や東京都の担当者などは豊洲問題で訴えられるリスクを負っているのに対し、例えば、森友学園事件で「埋設廃棄物の撤去費用8億円の見積が虚偽と判明し、公有財産を不当に廉価に売却したものであることが確定した上、そのことについて安倍首相や麻生財務相、担当の役人などに任務懈怠(にんむけだい)責任が認められる場合」でも国民が賠償責任の追求を求めて提訴することはできません。

ですから、このような報道に接すると、安全な場所に身を置くもの(国関係者)が、自分はリスクを取らない状態を確保しつつ、危険な場所に身を置くもの(自治体関係者)にばかり「ちゃんとやれ」と言い続けているような、アンフェアな印象を禁じえません。

普通地方公共団体以上に多額の税金が支出されている国については、違法な財務行為が明らかになっても、国民がこれを正す訴訟は認められておらず、そのため違法な財務行為が発覚しても、国の損害が放置される事態となっています。このようなことは、普通地方自治体と比べて明らかに正義に反します。

ちなみに日弁連は10年以上も前から、そうした公金是正訴訟制度の導入を求めていますが、およそ世間の話題になったことがありません。

私どもは、民間主体で自分たちが活用できるルールを自主的に生成し、広く利用に供し、適時改善し続けていくことが重要だと考えています。

今後、国レベルへの住民訴訟制度として、公金検査請求訴訟法案（国民訴訟法案）の創設要請をしていきます。

20数年前にフランスで書かれた「茶色の朝」という小文があります。

「茶色のペット以外は飼ってはいけない」という法律ができたことから物語は始まります。違和感を感じながらも、平和な日常の小さな幸せを維持するために、多くの人が深くは考えずに黙って従っているうちに、次第に世界は『茶色』に埋め尽くされていき、最後には主人公の背後にも不気味な追っ手の気配が忍び寄ってくる……そんな話です。

当時、ヨーロッパでは市民の自由や権利への抑圧が広がりだしていましたが、この寓話の警告が見えない大きな力への危機感を覚醒させたとも言われています。

昨今の日本にはこの寓話に触れた人の背を寒からしめるような何かが忍び寄っている、と感じるのは私だけではないと思います。

この本では、その一端を示すことができたのではないかと考えています。

そして、この本には書ききれなかったことや、脱稿後に明らかになった事実。そして、そこから始まる次の追及などを著者サイト（https://sonpohanzai.org/）にて展開していきたいと思っています。

同様な経験をした人、危惧を抱く人、賛同していただける方の力を集めて、まずは交通事故を食い物にする犯罪的な悪徳商法を糺し、反ＳＬＡＰＰ法を日本にも実現する活動を目指します。ご賛同と連携を熱望します。

なお、「茶色の朝」については、著者のフランク・パブロフの原文も日本語訳者も印税権を放棄し、ネットで無償公開されており、以下サイトからダウンロードできます。

http://www.tunnel-company.com/data/matinbrun.pdf

■著者プロフィール

濵中　都己（はまなか・さとみ）

静岡県浜松市1961年8月生まれ
交通事故被害者の長女
損保犯罪対策委員会代表
一般財団法人主権者教育推進機構理事

2007年9月係争中の相手方弁護士に陥れられ（虚偽告訴）、不当逮捕による実名報道をされる。いわゆる冤罪被害を被ったにもかかわらず、逮捕歴のあるものとして生涯警察情報に入力されることとなる。後にその相手方弁護士は静岡県弁護士会会長となっていた。

公権力は間違いを犯しても誰も謝らない、国の損害賠償責任は、起訴による無罪判決でのみ賠償金が支払われることに疑問を持つ。自ら無実を立証し、検察で不起訴処分になった者の拘留及び人権侵害に対しての損害賠償金は支払われない。

冤罪は裁判所の任務懈怠から生まれることを実感し、現在も事実無根の恫喝訴訟を悪徳弁護士らから提訴されている。これらの経験から弱者救済の権利保護を目指す。

著者サイト（資料編）へのURLとQRコード
https://sonpohanzai.org/Archive/YonimoOsorosii/

平成出版 について

本書を発行した平成出版は、基本的な出版ポリシーとして、自分の主張を知ってもらいたい人々、世の中の新しい動きに注目する人々、起業家や新ジャンルに挑戦する経営者、専門家、クリエイターの皆さまの味方でありたいと願っています。

代表・須田早は、あらゆる出版に関する職務（編集、営業、広告、総務、財務、印刷管理、経営、ライター、フリー編集者、カメラマン、プロデューサーなど）を経験してきました。そして、従来の出版の殻を打ち破ることが、未来の日本の繁栄につながると信じています。

志のある人を、広く世の中に知らしめるように、商業出版として新しい出版方式を実践しつつ「読者が求める本」を提供していきます。出版について、知りたいことやわからないことがありましたら、お気軽にメールをお寄せください。


book@syuppan.jp 平成出版 編集部一同

ISBN978-4-434-27498-5 C0036

世にも恐ろしい損保犯罪の話

令和2年（2020）5月12日 第1刷発行

著　者　**濵中　都己**（はまなか・さとみ）

発行人　須 田 早

発　行　**平成出版** 株式会社

〒104-0061 東京都中央区銀座7丁目13番5号
ＮＲＥＧ銀座ビル1階
経営サポート部／東京都港区赤坂8丁目
TEL 03-3408-8300　FAX 03-3746-1588
平成出版ホームページ http://www.syuppan.jp
メール：book@syuppan.jp

発　売　株式会社 星雲社（共同出版社・流通責任出版社）
〒112-0005 東京都文京区水道1-3-30
TEL 03-3868-3275　FAX 03-3868-6588

編集協力／安田京祐、大井恵次
取材・原稿協力／細谷知司
制作協力・本文DTP／Pデザイン・オフィス
印刷／(株)ウイル・コーポレーション